KB152688

지금은 나만의 시간입니다

지금은 나만의 시간입니다

김유진 지음

인생을 리셋하는 혼자 있는 시간의 힘

ORNADO
토네이도

일러두기

이 책에 등장하는 주요 인명, 지명, 기관명, 상표명 등은 국립국어원 외래어표기법을 따르되 일부는 관례에 따라 소리 나는 대로 표기했다. 원문은 인명과 설명이 필요한 개념의 경우 본문 내 최초 등장에 한해 병기했다.

나만의 시간,
잃어버린 나를
찾았다.

프롤로그

*

나는 혼자일 때 최고의 나를 만난다

나는 남들이 잠든 이른 새벽에 일어난다. 그리고 그 경험을 바탕으로 《나의 하루는 4시 30분에 시작된다》라는 책을 출간했다. 이 책이 큰 사랑을 받으면서 많은 사람들이 새벽 기상에 도전했다는 이야기를 들었다.

"새벽 기상을 활용해서 이번에 자격증을 땄어요!"

"큰마음 먹고 출근 전에 영어를 배우기 시작했어요!"

"조금 늦은 것 같지만 지금이라도 인생 2막에 도전하려고 합니다. 공부 시작했습니다."

"평소 건강이 좋지 않아서 몸을 움직일 의욕이 없었어요. 그런데 드디어 오늘 새벽에 운동하고 왔습니다."

내 책의 독자들은 새벽 기상으로 평소 꿈만 꾸던 일을 직접 실천하고 이뤘다고 이야기했다. 고요한 아침에 내가 만난 기적을 그들도 경험하기 시작한 것이다.

새벽 기상은 나의 근본적인 문제를 이겨내는 데 큰 도움을 줬다. 하지만 그 모든 어려움을 극복할 수 있었던 것은 단순히 새벽에 일어났기 때문이 아니다. 그 시간에 혼자였기 때문이다. 나는 모두가 잠든 고요한 새벽에 홀로서기를 연습했다. 그리고 그 시간을 버티는 게 아니라 즐기는 방법을 알게 되었다.

나는 유학을 가느라 초등학생 때부터 부모님과 떨어져 살았다. 타국에서 다양한 사람들과 교류하면서 영어를 배우고 자유로운 환경에서 자란 걸 특권이라 생각할 수도 있다. 하지만 그 과정에서 나는 외로움과 계속 싸워야 했다. 혼자였기에 누구도 나에게 어른이 되는 방법을 가르쳐주지 않았다.

끝없이 이어진 어두운 터널을 홀로 지나면서 여기저기 부딪혔다. 그러면서 배우고 느끼고 성장했다. 외로움을 이기는 방법을 터득했고 넘어져도 오뚝이처럼 스스로 일어나는 의지력을 길렀다.

시간이 흐를수록 혼자 있는 것이 점점 즐거워졌다. 이 순간을 나의 미래를 그리는 도구로 활용했다. 그 과정에서 실패와 성공을 거듭하며 더 나은 나를 만드는 방법을 배웠다.

이 책은 이런 나의 경험을 전부 녹여낸 결과물이다. 혼자만의 시간을 견디고 마침내 즐기게 되기까지 누군가 내게 해줬으면 했던 이야기를 담았다.

우리는 언제나 해야 할 일이 있다. 학생은 공부해야 하고 직장인은 일해야 하고 주부는 가족을 돌봐야 한다. 그런데 어떤 사람들은 주어진 일을 다 해내는 것만으로 모자라 틈틈이 자기계발을 하며 무언가를 더 잘하려고 한다. 평균을 넘어서야 행복할 수 있다고 믿기 때문이다.

이들은 대부분 시험 점수를 높게 받고 빨리 승진하고 큰돈을 버는 것이 성공한 삶이라고 생각한다. 인생을 살아가는 방식도 이 관점에 따라 결정한다. 그리고 내 주변 사람들의 걱정과 목표, 희망 사항을 보면 이 가치관이 대세인 듯하다.

더 나은 삶을 살고 싶다는 생각은 잘못된 것이 아니다. 이런 마음은 스스로 무언가를 조금 더 잘할 수 있을 것 같다는 긍정적인 욕심에서 생겨난다. 그리고 실제로 이런 생각이 발전의 원동력과 생활의 활력소가 되기도 한다. 문제는 이걸 추구하는 과정에서 우리가 제일 중요한 한 가지를 잊는다는 것이다. 바로 자기 자신이다.

　지금 목표로 하는 것을 내가 진심으로 원하고 있다고 확신할 수 있는가? 자신 있게 그렇다고 대답하는 사람도 있겠지만 대답을 망설이는 사람도 있을 것이다. 왜 그 꿈을 가져야 하는지, 내가 진짜 그 일을 하고 싶은지도 모른 채 남들이 좋다고 해서 무작정 앞으로 내달리면 금세 지치고 만다. 설령 목표를 이룬다고 해도 마음속에 공허함만 남을 뿐이다. 따라서 어떤 목표를 가지고 있든 진정으로 더 나은 내가 되기 위해서는 먼저 스스로를 돌아봐야 한다. 나만의 시간을 통해서 말이다.

　우리는 혼자가 되어야만 진정한 나를 만날 수 있다. 다른 사람의 방해 없이 나 자신을 찬찬히 들여다보면 스스로 얼마나 특별한 존재인지 인식할 수 있다.

　나를 인식할 줄 알게 되면 인생의 중심을 잡을 수 있다. 이유 모를 외로움, 자존감과 자신감 하락 등 부정적인 생각은 외부의 자극에 의해 우리 삶에 지속적으로 떠올랐다 사라진다. 하지만 혼자만의 시간에는 나를 좀먹는 생각으로부터 자신을 보호할 수 있다.

　나만의 시간에 나의 목소리에 관심을 가지고 스스로를 관리하는 것이 삶의 토대가 되어야 한다. 꾸준히 운동을 하면 건강해질 수 있듯이 꾸준히 자신을 관리하면 마음도 단단해질 수 있다.

이 책에서는 나만의 시간을 통해 자신을 발전시키는 방법을 살펴볼 것이다. 이 과정은 네 단계로 나뉜다. 첫 번째 파트에서는 나만의 시간을 가져야 하는 이유와 구체적인 방법에 관해 이야기할 것이다. 두 번째 파트에서는 안 좋은 습관을 없애기 위해 과거의 나를 일부러 지우는 시간을 가져볼 것이다. 세 번째 파트에서는 본격적으로 새로운 자신을 만드는 방법을 알아볼 것이다. 그리고 마지막으로는 마침내 나만의 시간을 즐기게 된 나의 이야기를 소개하려고 한다.

이 책을 한 번에 끝까지 읽지 말고 중간중간 나오는 물음에 답하며 이 책의 교훈을 자신의 삶에 적용해보는 시간을 갖는 것을 추천한다. 방금 읽은 내용을 곱씹어보고 나의 생각은 어떤지 돌아보자.

본격적으로 이야기를 시작하기 전에 한 가지 명심해야 할게 있다. 자기만의 시간을 갖는다는 것은 세상과 단절하고 아무것도 하지 않는다는 뜻이 아니다. 나 자신을 최우선순위에 두는 것을 말한다.

평소 하고 싶었던 일을 하고 필요로 했던 기분을 느껴보자. 굉장히 즐거울 것이다. 혼자 있는 것에 익숙해지고 그 시간에 자신을 갈고닦는 데 능숙해지면 내면이 한층 강해져 있을 것이다. 하고 싶은 일에 몰입하게 해주는 집중력과 그 어떤 어려움도 이겨내게 해줄 의지가 생길 것이고 무언가 해야 한다는 압박감에서 벗어나 일단 뭐라도 해야겠다는 의욕이 생길 것이다.

나만의 시간을 갖다 보면 평소 느껴보지 못한 변화를 경험하게 된다. 돈으로 살 수 있는 행복을 위해 일을 한다면 혼자만의 시간은 돈으로 살 수 없는 행복을 가져다준다. 그리고 이 책을 통해 나는 나만의 시간이 우리를 외톨이로 만드는 게 아니라 인생에 또 다른 기회를 만들어준다는 것을 증명하고 싶다.

그 누구도 당신에게 나만의 시간을 제공해줄 수는 없다. 오로지 자신만이 그 시간을 선물할 수 있다. 혼자가 되기에 당신이 아직 용기가 나지 않는다면 이 책이 당신과 함께라는 것을 잊지 않았으면 좋겠다.

차례

*

PART 1 | 누구에게나 나만의 시간이 필요하다

PART 2 | 나만의 시간을 제대로 활용하는 첫 번째 방법, 리셋

누구에게나
나만의 시간이
필요하다

CHAPTER 1

혼자만의 시간,
나를 관리하다

혼자가 되고
비로소 평화가 찾아왔다

나는 새벽 기상을 하는 유튜버이자 미국 뉴욕주, 조지아
주 변호사로 세상에 알려져 있다. 나는 매일 아침 4시 30분
에 하루를 시작한다.

많은 사람이 나에게 새벽 기상의 의미가 무엇인지 묻는
다. 어떤 사람들은 새벽에 일어나보니 인생이 바뀌었다고 말
했다. 반면 어떤 사람들은 새벽 기상은 아무런 쓸모가 없으
며 새벽에 일찍 일어나는 사람들이 그러지 않는 사람과 다른
점은 일찍 일어난다고 잘난 척을 한다는 것뿐이라고 이야기
했다. 내가 새벽 기상을 하는 이유는 단순히 그 시간에 밀린
일을 하거나 공부를 하기 위해서가 아니라 혼자만의 시간을
확보하기 위해서다.

첫 책《나의 하루는 4시 30분에 시작된다》가 예상치 못하

게 좋은 반응을 얻으면서 나는 색다른 경험을 했다. 많은 사람의 관심을 받았고 각종 방송에 출연하고 인터뷰에 참여할 기회를 얻었다. 의도치 않게 유명인이 되어버린 것이다. 여기저기서 다양한 제안이 쏟아졌지만 사내 변호사라는 본업이 따로 있고 원래 유명세에 큰 욕심이 없던 터라 무리해서 모든 요청에 응하지는 않았다.

문제는 따로 있었다. 바로 나를 찾는 사람들이 많아지면서 혼자 있을 수 없게 되었다는 것이다. 그전까지는 나만의 시간을 갖기가 어렵지 않았다. 가끔 친구가 갑자기 만나자고 하거나 메신저로 오랫동안 수다를 떨어도 미리 세워둔 그날의 계획을 지키는 데 큰 방해를 받지 않았다. 하지만 책을 출간한 뒤로 지난 몇 년간 전화 한 통 없었던 지인들은 물론 언제 마지막으로 만났는지 잘 기억나지 않는 사람들까지 연락을 해오기 시작했다. 늘 조용했던 핸드폰에 계속해서 알람이 울렸다. 인스타그램 DM, 유튜브 댓글, 이메일, 문자 메시지, 카카오톡 메시지는 물론 전화로까지 쉴 새 없이 연락이 왔다.

"유진아, 정말 오랜만이야! 방송 봤어! 이번 주 시간 돼? 나 책에 사인해줘!"

"변호사님, 축하드려요. 식사 한번 대접할게요. 언제 시간

괜찮으신가요?"

"안녕하세요, 변호사님. 저 기억하실지 모르겠지만 예전에 잠시 뵀는데 혹시 다음 주 점심 식사 가능하신가요?"

"유진아, 내 동료가 네 팬이래. 같이 저녁 먹자!"

예전에는 "밥 한번 먹자"는 말이 예의치레라고 생각해 부담스럽지 않았다. 언제 한번 만나자, 식사 한번 하자고 수없이 문자 메시지를 주고받아도 그 말이 실현되는 일은 적었기 때문이다.

하지만 이번에는 달랐다. 무조건 약속이 성사되었다. 진심으로 나를 축하해주고 싶어 만나자고 하는 건데 매몰차게 제안을 거절하기가 어려웠다.

모르는 사람들에게도 끊임없이 연락이 왔다. 지인을 통해 내 연락처를 알아냈다고 했다. 감사 인사와 함께 꼭 만나보고 싶다는 장문의 문자 메시지를 받았다. 어찌 답장해야 할지 몰라 괜한 고민에 빠졌다.

예전처럼 맘 편히 새벽을 보낼 수도 없었다. 책 제목 덕분에 4시 30분이 되면 약속이라도 한듯 연락이 왔기 때문이다. 핸드폰으로 음악을 듣는데 중간중간 메시지 알람이 울려 집중력이 흐트러졌다.

"유진아, 지금 일어나 있지? 나도 네 책 보고 새벽에 일어났는데 정말 좋다! 매일은 아니더라도 일어날 때 너에게 확인 문자 보내줄게!"

"언니는 지금 일어났겠네? 나는 이제 자려고!"

처음에는 이러다 말겠지 싶었다. 하지만 하루, 이틀, 사흘이 지나도 새벽마다 문자 메시지가 왔다. 스트레스를 받았지만 좋은 의도로 연락하는 사람들에게 대놓고 싫은 내색을 하는 것이 어려웠다. 혼자만의 시간을 갖고 싶다는 마음을 상대방이 눈치챌 수 있도록 단답으로 회신하거나 답장을 아예 보내지 않기도 해봤다. 그래도 마음 한구석이 불편한 것은 어쩔 수 없었다.

하지만 나는 곧 해결책을 찾았다. 매우 간단했다. 눈을 딱 감고 핸드폰을 무음으로 돌려버린 것이다. 그리고 핸드폰을 보이지 않는 곳으로 치워버렸다.

그러자 상대방에게 싫은 내색을 할 필요가 없어졌다. 바로 회신을 해야 한다는 부담감도 느껴지지 않았다. 타인의 행동을 불편해하는 것은 나 자신이다. 억지로 답장을 보내 선의에서 비롯된 행동을 지적하고 일방적으로 나를 배려해주길 요구하기보다는 지금 이 순간만큼은 스스로 혼자가 되기를 선택하는 게 더 합리적인 방법이었다. 이 간단한 이치를 깨닫자 마음에 평화가 찾아왔다.

내가 혼자 있는 데
익숙해진 이유

초등학교 1학년 때 나는 집 열쇠를 목걸이로 만들어 항상 목에 걸고 다녔다. 하도 열쇠를 잃어버리니 엄마가 생각해낸 묘책이었다.

수업이 끝나면 까치발을 힘껏 들어 문고리에 열쇠를 꽂고 아무도 없는 집 문을 열었다. 그리고 메고 있던 가방을 던져놓고 친구들이 있는 놀이터로 후다닥 달려갔다. 텅 빈 집에 혼자 있기 싫었기 때문이다.

어릴 적 나는 혼자 있기를 굉장히 꺼려했다. 겁이 많기도 했고 친구들과 함께 있는 것 자체를 굉장히 즐겼다. 친구와 놀기 싫어하는 아이가 있을까 싶지만 나는 유독 그랬다. 친구뿐만 아니라 모든 사람을 참 좋아했다. 또래 친구부터 경비 아저씨, 이웃 어르신까지 모두와 쉽게 친해졌다. 그리고 그들을 진심으로 따랐다.

어릴 적 나의 곁에는 항상 사람들이 있었다. 학교 친구들은 물론 학원 친구들까지 모두 같은 아파트 단지에 살았고 가족들도 모두 한국에 있었기 때문에 혼자 있어야 하는 시간이 많지 않았다. 그런데 뉴질랜드로 이민을 가면서 완전히 다른 삶을 살게 되었다. 혼자가 되어버린 것이다.

뉴질랜드에서는 모든 게 달랐다. 언제나 나를 둘러싸던 친구와 이웃이 없었다. 심지어 계절조차도 반대였다. 12월의 크리스마스가 여름이라니!

동양인인 데다가 영어를 못해 의사소통이 안 되다 보니 나는 또래 친구들에게 자주 놀림감이 되고 따돌림을 당했다. 심지어 몇 년 뒤에는 부모님과도 떨어져 지내게 되었다. 부모님께서 당시 한국에서 사업을 하시던 터라 한국과 뉴질랜드를 왕래하셔야 했기 때문이다. 할 수 없이 나는 다양한 출신과 문화를 가진 사람들과 홈스테이homestay를 시작했다. 내 나이 고작 열 살, 그렇게 홀로서기가 시작되었다.

•

타국에 홀로 남겨진 것도, 친구들과 쉽게 친해지지 못하는 것도 모두 무섭고 서러웠지만 나를 힘들게 했던 것은 따로 있었다. 바로 혼자 있는 방법을 모른다는 것이었다.

홈스테이에서 여러 사람들과 함께 생활하기는 했지만 각자 사는 게 바빠 아무도 나에게 관심이 없었다. 홈스테이 부모님은 정말 따듯한 분들이었지만 태생적으로 개인주의에 익숙한 뉴질랜드 사람들이다 보니 친부모님처럼 일일이 나를 챙겨주고 함께 놀아주지는 못했다.

덕분에 나는 혼자 있는 시간이 많았다. 그런데 단 한 번도 혼자 있고 싶었던 적은 없었다. 때로는 버림받은 기분이 들기도 했다. 학교에서는 왜 친구들과 잘 지내는 방법은 알려주면서 혼자 있는 방법은 가르쳐주지 않는 걸까? 다른 아이들은 항상 누군가와 함께 있던데 나는 왜 혼자 있는 거지? 그때 느낀 공허함은 말로 표현하기 어려울 만큼 컸다.

한국에서는 부모님이 시키는 대로, 어른들이 하라는 대로, 학교에서 가르쳐주는 대로 하면 문제 될 것이 없었다. 하지만 이곳에서는 아침이 되면 깨워주는 사람 없이 알아서 일어나 혼자 아침을 챙겨 먹고 학교 갈 준비를 해야 했다. 만약 한국이었더라면 내가 늦잠을 자거나 학교에 가기 싫어서 미적거려도 부모님께서 어떻게든 나를 깨워서 학교에 보냈을 것이다. 하지만 홈스테이 부모님은 '네가 쉬고 싶으면 쉬어야지'라고 이야기했다.

이게 무슨 문제인가 싶기도 하겠지만 나는 적응하기 힘들었다. 나를 혼내거나 설득하는 어른이 없으니 나의 행동에 대한 결과는 무조건 내가 책임져야 했다. 부모님과 함께 살 때는 부모님께서 따듯한 아침밥은 물론 점심 도시락까지 다 챙겨주셨지만 홈스테이에서는 달랐다. 제때 아침을 챙겨 먹지 않으면 배고픈 채로 수업을 들어야 했고 일찍 일어나 알아서 학교 갈 준비를 하지 않으면 버스를 놓쳐 40분 이상 걸어서 등교해야 했다.

부모님께서는 내가 아무 말 하지 않아도 필요한 것을 당연하게 챙겨주셨고 굳이 드러내지 않아도 나의 생각, 감정과 기분을 눈치채주셨다. 하지만 홈스테이에서는 아니었다. 아무도 나 대신 무언가를 해주지 않았다. 그 누구도 내가 직접 말하기 전까지 나의 생각을 알아주지 않았고 나에 대해 알려고 하지도 않았다. 원하는 것이 있으면 표현해야만 얻을 수 있었다. 좋은 건 좋다고 싫은 건 싫다고, 먹고 싶은 것도 갖고 싶은 것도 필요한 것도 먼저 이야기해야 했다.

1년, 2년, 5년… 혼자 있는 시간이 길어지면서 점점 외로움에 적응했다. 동시에 나 자신과 친해지는 방법을 터득했다. 그리고 홀로 남겨진 순간을 활용하게 되었다.

이때부터 나는 나의 마음에 귀를 기울였다. 그러자 내가 하고 싶은 것과 해야 하는 일들이 선명하게 보였다. 내가 어떤 결정을 하느냐에 따라 나의 권리와 의무가 나뉘었고 하루를 어떻게 보내느냐에 따라 나에게 주어지는 보상이 달라진다는 것을 깨달았다. 이렇게 누구도 알려주지 않았던 답을 스스로 찾아나가며 나라는 사람을 만들었다.

나만의
시간이란?

어렸을 때는 '하지 마라'라는 소리를 많이 들었다. 그런데 성인이 되니까 '해야 한다'는 이야기를 더 많이 듣는다. 아무 생각 없이 텔레비전을 틀었는데 자꾸 무엇을 하라는 이야기가 나온다. 일을 하고 돈을 벌고 건강도 챙기고 사람들도 만나고 거기다 자기계발까지 해야 뒤처지지 않고 빠르게 변화하는 세상을 따라잡을 수 있다고 한다.

학창 시절에는 공부만 하면 되었는데 사회인이 되니 의무가 더 많아졌다. 30대가 되니 연애는 물론 빨리 결혼해서 아이까지 낳아야 한다고 다들 겁을 준다. 지금 하는 일만으로도 벅차 죽겠는데 해도 해도 숙제가 끝이 없는 이 기분은 도대체 뭘까? 게다가 나는 변호사라는 직업의 특수성 때문인지 책임져야 할 일이 많아 어깨가 더욱 무겁다. 모두 비슷하게 살아간다지만 이 길이 진정 맞는 건지 아직도 모르겠다.

이렇게 삶에 치여 초조해질 때마다 나는 '오늘은 혼자만의 시간을 가져야겠다'고 다짐한다. 그리고 플래너에 그날 할 일을 적을 때 나만의 시간을 계획한다. 이 시간에는 누구와 함께하지 않고 온전히 홀로 나 자신에게 집중한다. 마음 놓고 한숨 돌릴 수 있는 유일한 시간, 나에게 안정을 주는 시간이다. 이때 나는 진정한 나를 만난다.

·

나만의 시간이란 무엇일까? 나만의 시간은 '나에게 몰입하는 시간', 즉 '혼자만의 시간'을 의미한다. 일상을 바쁘게 보내다 보면 길을 헤매고 여기저기 부딪히게 된다. 나만의 시간은 그런 혼돈에서 잠시 벗어나 자신에게 집중하는 시간이다. 나 자신을 우선순위에 둘 수 있는 시간으로, 누군가에게는 자신의 상태를 점검하는 시간이 될 수도 있고 누군가에게는 잠시 휴식을 선물하는 시간이 될 수도 있다. 이 시간을 어떻게 보내든 이때만큼은 무조건 앞으로 내달리기보다는 나 자신을 들여다봐야 한다.

중요한 점은 이 시간을 적극적으로 계획해야 한다는 것이다. 짬이 나면 혼자 있겠다고 생각하는 게 아니라 '이때만큼은 나만의 시간을 갖는다'고 다짐해야 한다. 그 이유는 무엇일까? 고립되는 것을 두려워하는 현대인들에게 혼자 있는 시간은 생각보다 쉽게 주어지지 않기 때문이다.

학창 시절을 떠올려보자. 조용히 혼자 있고 싶지만 함께 놀자는 친구들의 유혹을 이겨내지 못했던 적 한 번쯤 있지 않은가? 화장실에 갈 때조차 항상 친구와 같이, 심지어 볼일 보는 친구를 끝까지 기다리는 것이 의리라고 생각하지 않았는가? 전날 밤새 과제를 하느라 피곤해서 잠이 쏟아지는데 나만 빼고 친구들이 즐거운 시간을 보낼까 봐 걱정되어 모임에서 끝까지 자리를 지켰을지도 모른다.

성인이 되어서도 마찬가지다. 이때는 학창 시절과는 또 다른 이유로 혼자 있는 시간이 허용되지 않는다. 회사에서는 보통 혼자 문제를 해결하는 것보다 다른 사람들과 협력해서 성과를 내는 것을 더 중요시하기 때문이다. 나아가 내 역량을 키우기보다 정치를 해야 능력을 인정받을 확률이 높다. 모처럼 느긋하게 혼자 점심을 먹고 싶거나 일이 바빠 동료들과의 티타임을 건너뛰려고 해도 자칫 잘못하면 상사에게 요주의 인물로 찍힐지도 모른다는 생각 때문에 꾸역꾸역 동석한다.

코로나19 때문에 예전보다 모임이 줄었다고는 해도 여전히 사회생활을 하고 가족을 챙기려면 혼자 있을 기회 자체가 없다. 기혼자거나 어린 자녀가 있는 경우 혼자 있기란 더더욱 어려운 일이 아닐 수 없다.

한편 결혼하지 않은 사람들도 사정은 마찬가지다. 이렇게 살다 어디에도 소속되지 못한 외톨이가 될 수 있다는 걱정에 동창회며 동호회며 있는 대로 찾아다닌다. 자의로 혼자 있기를 선택할 수 없을 뿐만 아니라 혼자 있고 싶어도 혼자 있는 게 불안해지는 것이다.

나 역시 마찬가지다. 미혼이다 보니 기혼인 친구들보다는 나만의 시간을 더 많이 가질 수 있지만, 직장 생활을 하고 있는 데다 가족과 함께 살고 있기 때문에 주도적으로 계획하지 않으면 혼자 있기가 쉽지 않다. 나를 관리하는 시간, 나를 우선으로 생각하는 시간, 나를 알아가는 시간은 결국 내가 스스로 그 시간을 갖기로 마음먹고 계획을 지키지 않으면 가질 수 없는 시간인 셈이다.

●

여기까지 읽으면 "저는 매일 혼자 다니는데요?"라고 반문하는 사람도 있을 것이다. 하지만 여기서 짚고 넘어가야 할 점이 있다. 나만의 시간을 가진다는 것은 단순히 어떤 공간에 홀로 있는 것을 의미하지 않는다.

혼자 있는 시간이 충분하더라도 대부분은 그 시간에 무엇을 하며 보내야 할지 잘 모르는 경우가 많다. 소파에 누워서 온종일 의미 없이 핸드폰을 보거나 리모컨을 손에 쥐고 텔레비전 채널만 돌리는 것이다. 뭐라도 해볼까 싶다가도 혼자서 할 수 있는 일은 그리 많지 않다는 생각이 들어 포기한다. 이런 시간은 나만의 시간이 아니다.

우연히 생긴 여유 시간에 그동안 못한 일을 하는 것 역시 나만의 시간을 가지는 게 아니다. 머릿속으로 잠시 개인적인 생각을 하는 것 또한 나만의 시간을 보낸다고 할 수 없다. 퇴근하고 집에서 혼자 하루를 되돌아보며 할 일은 다 했는지, 유명 연예인의 스캔들이 나지는 않았는지 확인해보는 것도 나만의 시간을 보낸다고 이야기할 수 없다. 평소에는 관심 없던 사람이 문득 떠올라 잘 지내는지 안부를 묻거나 SNS를 확인하는 것 또한 마찬가지다.

틈틈이 이동 시간에 자신만의 시간을 보낸다고 생각할 수도 있을 것이다. 하지만 이 시간도 엄밀히 따지면 나만의 시간이라고 말할 수 없다. 멍하니 출근길 버스에 앉아 회사에 도착하면 무엇을 해야 하는지, 오늘은 누구와 어떤 이야기를 할지를 고민한다면 말이다. 이것은 나에게 집중한다기보다는 일과에 집중하는 시간이다. 과연 이 시간을 자신을 위한 시간이라고 정의할 수 있을까?

최근 다른 사람에게 방해받지 않고 나에게만 집중해본 적이 있었는지 돌아보자. 어쩌다 보니 생긴 여유 시간에 혼자 있는 게 아니라 주도적으로 나만의 시간을 가진 적이 언제였는가? 근래에 자신이 좋아하는 음악을 듣고 따뜻한 차를 마시면서 창밖을 보는 여유를 즐긴 적 있는지 생각해보자. 아마 한 달에 며칠 되지 않을 것이다.

나만의 시간을 만드는 것은 전적으로 자신의 의지에 달려 있다. 나를 지키는 시간은 내가 나에게 선물하지 않으면 가질 수 없다. 처음에는 쉽지 않을 것이다. 하지만 혼자 있는 습관이 자리 잡히면 완전히 새로운 나를 만날 수 있다. 오늘만큼은 외부의 소음을 잠시 차단하고 스스로에게 시간을 선물해보자.

66 고독을 즐기게 된다는 것은
외로움을 슬픈 것이라고 생각하지 않고
기꺼이 혼자가 되는 것,
즉 다른 사람이 아닌 나 자신과 함께하는
시간을 즐기게 되는 것이다.
때때로 우리 모두에게 이런 변화가 필요하다. 99

_러스킨 본드 Ruskin Bond

CHAPTER 2

나만의 시간이 필요한
첫 번째 이유, 회복

회복의
시간을 보낸다는 것

오늘은 새벽 4시 30분에 기상하지 않았다. 옅은 잠에 취해 가만히 누워 있었다. 평소 같으면 '다섯만 세고 일어나자. 오늘도 할 일이 많다. 지금 이러고 있을 때가 아니야'라며 스스로에게 잔소리를 했겠지만 오늘만큼은 그러지 않았다. 분명 일어날 힘은 있었지만 얼마 전에 받은 마음의 상처가 아물지 않았기 때문이다.

나는 내면에 원인을 알 수 없는 문제가 일어났을 때 당장 무언가를 바꾸고 고치기보다는 나 자신을 먼저 위로해주는 시간을 갖는다. 아무리 친밀한 관계여도 타인은 내가 상처를 치유하고 에너지를 회복할 만큼 충분히 위로해주지 않는다. 반면 내가 나에게 건네는 위로는 횟수도 무제한이고 크기도 줄어들지 않는다. 나아가 나는 내가 가장 듣고 싶고 필요했던 말을 언제나 해줄 수 있다. 누구에게도 쉽게 받지 못할 최고의 위로를 들을 수 있다는 것이다.

우리는 상처받거나 우울해하는 자신을 탐탁지 않아 한다. 이런 상황에 놓이면 자신이 나약해서, 내가 무언가 잘못해서 그런 거라 자책한다. 약해진 자신을 회복시키려고 하기보다 스스로를 채찍질하기에 바쁘다.

하지만 인간은 강해질 수 있는 만큼 약해질 수도 있는 존재다. 지금 내가 몸과 마음으로 느끼는 모든 통증과 감정은 나의 현재 상태를 알리는 신호다. 자신만 알아챌 수 있는 경고를 무시하고 나를 소중하게 대하지 않으면 아무리 노력해도 점점 더 지칠 수밖에 없다. 꾸준히 앞으로 나아가려면 나도 약해질 수 있다는 사실을 인정하고 자신을 관찰하며 나에게 관심을 가져야 한다.

나만의 시간을 가지며 나는 곧 내 머릿속을 복잡하게 만들던 문제들이 사실 그리 중요하지 않다는 걸 깨달았다. 무언가 달라져서 그런 게 아니었다. 회복했을 뿐이었다.

우리에게는 모두 회복의 시간이 필요하다. 하지만 자신에게 이런 시간을 허용하는 사람은 많지 않다. 이때 혼자 있는 시간은 우리를 원래의 상태로 돌아갈 여유를 선사한다.

늘 강할 필요는 없다. 괜찮은 척하지 않아도 된다. 상처를 받았으면 치료하고, 무언가 잘못했으면 용서하는 시간을 가져보자. 슬프면 울고 힘들면 쉬고 무거우면 내려놓자. 지금 느끼는 감정들을 억누르지 말고 굳이 달라지려고 노력하지 말자. 혼자가 되면 나도 몰랐던 마음 한구석의 응어리가 눈에 들어올 것이다. 그 응어리가 돌덩어리가 되지 않도록 나를 돌봐야 한다.

혼자일 때 비로소
나의 예쁜 구석이 보인다

나는 평소 당당하게 말하고 자신감 넘치게 행동하지만 때로 쓸데없는 걱정을 많이 하고 소심하게 굴기도 한다. 자존감이 바닥을 치는 시기가 오기도 하고 아무 이유 없이 '나는 왜 이렇게 부족하지?'라는 생각에 휩싸이기도 한다. 아무리 완벽하게 보이는 사람이라도 분명 이런 경험이 있을 것이다.

타인에 비해 스스로 부족하다고 생각하면 괜히 자신이 부끄러워진다. 망신을 당하기 싫어 여럿이 모인 자리를 피하거나 부족함을 들킬까 봐 타인에게 큰소리를 치기도 한다. 왜 이런 기분이 드는 걸까? 바로 다른 사람의 눈으로 자신을 바라보기 때문이다.

처음부터 다른 사람이 정해놓은 기준을 따르지 않았다면 그 기준에서 벗어날 일도 없고 열등감도 느끼지 못했겠지만 세간의 평가에서 자유로워지기란 말처럼 쉬운 일이 아니다. '내가 가는 길에만 집중하자'라고 아무리 되뇌도 나도 모르는 사이 다른 사람들이 만들어놓은 길을 따르는 것이다.

예전에 나는 다른 사람처럼 하지 못하면 내가 부족하다고 단정지었다. 다른 누군가가 하기 때문에 나도 어서 그 일을 해야 한다고 재촉했다. 늘 남들보다 더 배우고 더 발전하고 더 빨라야 한다 생각했다. 일이 뜻대로 되지 않으면 '더 잘할 수 있는데 왜 그러지?'라고 자책했다. 이 정도면 충분하다고 생각할 법도 한데 뭐가 그리 불안했던 걸까?

그래서 과거에는 외모를 열심히 가꾸고 꾸준히 다이어트를 했다. 말투와 옷차림에 신경을 쓰며 내가 다른 사람들에게 어떻게 보이는지에 연연했다. 세상이 정한 멋진 사람의 기준을 달성하고 자신감이 높아지면 잠시나마 불안하지 않았다. 나의 본모습을 감췄으니 누구도 나의 부족한 점을 알아채지 못할 거라고 착각했기 때문이다.

반대로 꾸며낸 모습을 유지하지 못하면 나의 자신감과 자존감은 최악의 상태로 원상복귀했다. 미움받지 않으려고, 바보 같아 보이지 않으려고, 만만하게 보이지 않으려고 다시 힘들게 노력했다.

이런 행동은 나를 점점 어둠 속으로 몰아갔다. 모두가 인정하는 예쁘고 멋진 사람이 되는 것에 집착했다. '나는 왜 45킬로그램이 될 수 없지?', '나는 왜 눈이 나빠서 안경을 써야 하지?', '나는 왜 이것도 못하지?' 등 작정하고 스스로를 깎아내리기 위해 거울로 나의 모습을 하나하나 뜯어봤다. 나 자신이 전혀 만족스럽지 않았다.

어느 날 나는 스스로 문제라고 생각하는 점들이 생겨난 이유를 하나씩 생각해봤다. 온종일 공부하고 일하느라 살이 쪘다. 지난 몇 년간 책을 몇백 권씩 읽고 내내 컴퓨터 모니터를 보느라 눈이 나빠져 어쩔 수 없이 안경을 써야 했다. 다른 사람들이 잘하는 일을 내가 못하는 이유는 한 번도 그것을 배워본 적이 없으니 당연했다. 돌이켜보니 나는 다른 사람의 기준에 부합하는 사람이 될 기회를 놓친 게 아니라 그 대신 다른 걸 이룬 것이었다. 혼자만의 시간을 통해 나 자신을 들여다보니 알 수 있었다. 그동안 늘 탐탁지 않아 했던 지금 나의 모습 또한 내가 피땀 흘려 만들어낸 결과물이라는 사실을.

나는 또 다른 놀라운 사실을 깨달았다. 우리의 자존감이 낮아지는 이유는 실제로 우리가 부족해서가 아니라 자신이 얼마나 괜찮은 사람인지 알려고 하지 않아서 생기는 현상이라는 것이었다.

'나는 참 별로다. 왜 이것도 못하지?', '내가 하는 일이 그렇지, 뭐' 등 온갖 부정적인 생각을 할 시간은 늘 넘쳐난다. 하지만 나 자신이 얼마나 특별하고 괜찮은 사람인지, 지금 얼마나 잘하고 있는지 생각할 기회는 흔치 않다. 아마 대부분 '와, 나 이거 진짜 잘하네?'보다 '난 왜 이것도 못하는 거지?'라고 생각한 적이 더 많았을 것이다. 사람들에게 "저 이거 잘하죠?"라고 말하는 것보다 "제가 아직 부족해서요. 죄송합니다"라고 하는 게 더 호감을 얻을 테니까.

주위를 둘러보면 대단하고 아름다운 사람들이 얼마나 많은가? 그들이 멋져 보이는 이유는 우리가 그들의 장점을 발견했기 때문이다. 마찬가지로 스스로의 장점을 찾으려고 노력하면 내가 달리 보인다. 이 사실을 알고 난 후에는 이유 없이 자존감이 낮아지거나 자신감을 잃을 때마다 혼자만의 시간을 갖는다. 세상이 정한 예쁜 사람, 성공한 사람, 괜찮은 사람의 조건에서 잠시 멀어지면 나의 장점이 훨씬 두드러지게 보인다.

나는 타인의 기준이 아닌 오로지 나의 기준으로 나를 차근차근 들여다봤다. 모두가 좋아하는 긴 머리에 청순한 이미지는 아니지만 큼직큼직해서 시원한 이목구비를 가지고 있었다. 나만의 매력은 충분했다. 더 꾸미지 않아도 나는 이미 아름다웠다. 그것도 모르고 지속적으로 나 자신을 다른 사람으로 바꾸려 한 것이었다.

물론 아직 부족한 점도 많고 갈 길이 멀다. 하지만 건강하고 공부도 열심히 했고 주변 사람들과의 관계도 특별히 나쁘지 않고 하는 일마다 좋은 결과를 얻는 걸 보면 나름 잘하고 있는 것 같다. 이 사실을 깨닫고 나서 매일 열심히 하던 화장 또한 잘 하지 않는다. 지금 나의 모습으로도 충분하니까.

이렇게 자신에게 집중하면 자존감과 자신감을 회복할 수 있다. 모두가 생각하는 행복과 성공이라는 기준에서 벗어나 잠시 혼자가 됨으로써 나만의 장점을 뚜렷하게 확인하고 스스로를 더 이해할 수 있기 때문이다. 나만의 시간을 통해 나는 내가 되고 싶은 사람이 되기로 선택했고 내가 생각하는 행복이 잘못된 것이 아님을 확인했다. 나아가 이 깨달음을 계기로 자연스럽게 나만의 가치를 찾아냈고 내가 중요하게 생각하는 것이 무엇인지 또한 알게 되었다.

지금 '나는 왜 이것밖에 안 될까' 하고 자존감이 낮아져 힘들어하고 있다면 혼자만의 시간이 특효약이 되어줄 것이다. 남들이 귀 기울이지 않는 자신만의 생각을 들어보고 내가 얼마나 괜찮은 사람인지 깨닫는 시간을 가져보자. 좋은 음식으로 든든하게 배를 채우면 건강해지듯이 좋은 말과 긍정적인 생각으로 나 자신을 채우면 강해질 수 있다.

나는 최고의
고민 상담사

누구에게나 각자 말 못할 사정이 있다. 왠지 이런 고민을 한다는 것 자체가 부끄럽고 초라해서 타인에게 털어놓지도 못하고 끙끙 골머리를 앓는다. 특별한 일이 있는 것도 아닌데 괜스레 앞날이 막막하고 불안해지기도 한다.

이렇게 마음이 공허하고 우울할 때 누군가와 이야기하면 조금 나아질까 싶어 핸드폰의 연락처를 뒤져 친구에게 문자 메시지를 보내본다.

"뭐 해? 그냥 문자 보내봤어! 잘 지내지?"

"응, 나야 잘 지내고 있지. 무슨 일 있는 건 아니지?"

이상한 낌새를 눈치챈 친구의 답장이 돌아온다. 그럼 나는 넉살 좋게 대답한다. 속마음은 그렇지 않은데 말이다.

"그럼! 별일이 있겠니."

이렇게 대화가 싱겁게 끝난다.

왜 이런 상황이 벌어지는 걸까? 상대는 내가 말하지 않은 속사정까지는 모르니 무슨 말을 건네야 할지 모른다. 나 역시 누군가에게 고민을 상담하고 싶어도 무엇이 문제인지 내 마음속에서도 정리가 안 되어 있기 때문에 이야기를 이어나가기가 힘들다. 무엇보다 나의 걱정거리를 누군가에게 털어놓는다는 것 자체가 어딘가 찝찝하다.

우리는 고민이 생기면 누군가에게 털어놓고 싶어 한다. 하지만 주변 사람에게 문제점을 이야기한다고 해서 달라지는 것은 딱히 없다. 타인이 나의 복잡한 마음까지 정리해주지는 못할 테니까 말이다. 아무리 친하다고 해도 주변 사람들에게 나의 모든 불만과 어려움을 털어놓는 행동은 그들을 감정 쓰레기통으로 만들어버리는 일밖에 되지 않는다.

그렇다면 누구와 이런 고민을 이야기해야 할까? 바로 나 자신이다.

'아무것도 하지 않아도 괜찮아.'

'지금도 충분히 잘하고 있어.'

'내가 지금 무서워하는 거, 그거 별거 아닌 것들이야.'

'괜찮아. 진짜 괜찮아.'

너무 겁이 날 때, 불안할 때, 답답할 때마다 나는 나만의 시간을 가진다. 그리고 나에게 고민을 이야기하며 이렇게 속으로 되뇐다. 타인이 아닌 스스로에게 고민을 털어놓으면 마음이 후련해질 뿐만 아니라 객관적인 관점에서 상황을 바라보게 되어 적절한 해결책을 찾을 수 있다. 나만을 위한 가장 든든하고 무조건적인 지지자를 만날 수 있다는 것, 이것이 혼자만의 시간이 필요한 첫 번째 이유다.

" 세상에서 가장 강한 사람은
혼자 서 있는 사람이다. "

_헨릭 입센 Henrik Ibsen

CHAPTER 3

나만의 시간이 필요한
두 번째 이유, 관찰

잠시
트랙에서 벗어나기

어느 더운 여름 아침, 도서관으로 향했다. 이른 시간인데도 자리표를 뽑기 위해 새벽부터 사람들이 길게 줄을 서 있다. 대부분 피로한 얼굴이다. 하나같이 다 늘어난 추리닝을 입고 문제집과 교과서를 가득 넣은 배낭을 멨다. 오랫동안 자리에 앉아 있으려고 한 손에는 방석을 들었다. 다들 무슨 공부를 하나 흘끗 보면 공무원 시험공부, 자격증 시험공부, 학교 공부 등 다양하다.

나도 한때 미국 로스쿨 입학 시험인 LSAT을 공부하기 위해 그 자리에 있었다. 처음 공부를 시작하고 2년이라는 세월이 그냥 지나갔다. 주변 친구들은 한두 명씩 좋은 점수를 받고 수험 생활에서 탈출했는데 나는 그러지 못했다. 일반적으로 6개월에서 1년 안에 좋은 성적을 얻고 로스쿨에 지원한다는데 나는 뭐가 문제였는지 공부한 만큼의 성과를 얻지 못했다.

만족스럽지 않은 결과가 나온 날에는 도서관 화장실이 유일한 쉼터가 되어줬다. 이곳에서는 크게 흐느껴도 이상하게 생각하는 사람이 없었다. 여기 있는 사람들 대부분이 한 번쯤 비슷한 일을 겪어보기 때문이다.

시험 점수가 나온 그날도 마찬가지였다. 지금 이 점수로는 내가 가고 싶은 학교에 입학은 어림도 없었다. 그렇다고 다시 시험을 볼 자신도 없었다. 아무리 노력하고 열심히 해도 안 되는데 무엇을 더 어떻게 해야 할까? 공부할 힘이 나지 않았다. 아니, 공부할 자신이 없었다. 그렇다고 로스쿨을 포기할 용기도 없었다. 여태 공부하느라 투자한 시간이 아까워서라도 로스쿨은 가고 싶었다.

잠시 쉬자는 생각으로 가방을 챙겨 도서실을 빠져나왔다. 언제 돌아올지는 정하지 않았다. 공부를 포기한 것까지는 아니었지만 잠시 트랙에서 벗어나보기로 결심했다.

•

최선을 다하면 목표를 이룰 수 있을 거라 생각하고 열심히 달려왔는데 내 뜻대로 되지 않을 때가 있다. 이제 와서 다른 길을 알아봐야 할까? 불안하고 심란하다. 열심히 할수록 오히려 역효과만 난다. 곁에서 도와주는 사람도 없고 계속 실패하는 나에 대한 실망감이 쌓여간다.

아무리 열심히 해도 원하는 목표에 도달하지 못하거나 좋은 성과가 나오지 않는 경우, 정말 노력이 부족해서 그런 것일 수도 있지만 보통은 더 이상 할 수 있는 것이 없어서 그럴 가능성이 높다. 인정하기 싫겠지만 오랜 시간을 투자하고 최선을 다한다고 모든 일이 뜻대로 되는 것은 아니다.

더 열심히 해도, 다른 방법을 시도해도 안 될 때는 멈춰서 가만히 지켜보는 게 어떨까? 상황이 어떻게 흘러가는지 관찰하는 것은 때로 가장 좋은 해결책이 되어주기도 한다. 포기하는 것이 아니다. 잘 풀리지 않는 일에 무작정 매달리기보다는 문제에서 잠시 벗어나자는 것이다.

결론부터 말하면, 나는 결국 내가 원하는 로스쿨에 진학하고 지금 변호사가 되었다. 도서관을 나온 그날 지난 몇 년간 고집해오던 방법이 아닌 다른 길이 있다는 것을 깨달았다. 바로 편입이었다.

그동안 LSAT을 공부하면서 편입이라는 방법을 생각하지 못했다. 무조건 한 번에 좋은 학교에 입학하려고 했다. 일단 다른 학교에 입학하고 그 학교 성적으로 원하는 학교로 옮겨

가는 방법을 고려하지 않은 것이다. 물론 최선의 방법은 아니었지만 벼랑 끝에 선 나에게 유용한 선택지였다.

자기계발에 관한 이야기를 하는 유튜버로 알려져 있다 보니 주변 사람들은 내가 언제 어떤 상황에서도 포기하지 않고 성실하게 노력할 거라고 생각한다. 하지만 나도 막막할 때는 하던 일을 내려놓는다. 최선을 다했으나 원하는 결과를 얻지 못하거나, 간절히 바라온 일이 성사되지 않으면 잠시 숨을 고른다. 그리고 혼자서 내가 서 있는 위치와 현재 나의 상태를 관찰하는 시간을 갖는다. 그러다 보면 신기하게도 해결 방법이 눈에 들어온다. 도서관을 나온 그날도 마찬가지였다.

나보다 앞서 걸어가는 사람들이 시야에서 사라지면 빨리 가야 한다는 강박이 사라진다. 문제의 원인을 여러 관점에서 차분하게 살펴보고 더 지혜롭게 대처할 수 있다. 그리고 내가 처한 상황에서 거리를 두면 원래 가려고 한 길이 어떻게 경사지고 굽이졌는지 보인다. 때로는 단념할 수밖에 없는 상황도 만나겠지만 때로는 잠시 멈춘 사이 더 좋은 기회를 찾아내 방향을 바꿀 수도 있다.

무언가를 이루고 싶다는 생각이 지나치게 간절해지면 다른 길은 눈에 보이지 않는다. 그렇게 새로운 가능성을 모두 차단하게 된다. 그러면 오히려 목표를 달성하기가 점점 어려워진다.

처음에는 멈춰 서는 게 탐탁지 않을 것이다. '더 열심히 해도 모자란데 가만히 있어야 한다고?'라는 생각이 들지도 모른다. 하지만 당장 어떻게 할 수 없는 일을 계속하는 것 자체가 상황을 더 악화시킬 수 있다. 지금은 때가 아닐 수도 있고 다른 곳으로 방향을 트는 게 맞을 수도 있다. 무엇이 정답이든 숨을 고르며 자신을 관찰하는 시간을 가져보자.

힘들게 계단을 오르지 않아도 에스컬레이터에 서면 저절로 올라갈 수 있다. 이처럼 가만히 있는 것이 때로는 가장 큰 해결책이 되어주기도 한다. 그러니 애쓰지 말고 그냥 두고 보자.

변화하는 나를
느끼는 방법

내 이름은 김유진, 직업은 사내 변호사다. 유튜버 김유진 혹은 작가 김유진이라고도 불린다. 이런 이름표는 언제 어디에서나 나를 따라온다. 학교에 다닐 때는 학생이라는 타이틀을 가지고 있었고 만약 결혼을 하게 된다면 누군가의 아내,

누구 엄마라는 타이틀이 생길 것이다.

나는 최근 이름표를 여러 개 받았다.

"변호사님이시니까 이런 건 잘 아시겠죠?"

"인기 유튜버니까 항상 언행을 조심해야 합니다."

"나름 베스트셀러 작가신데… 맞춤법 틀리셨네요."

법조인이니까, 인기 유튜버니까, 베스트셀러 작가니까 어떻게 해야 한다는 소리를 끊임없이 들었다. 타인이 붙여준 꼬리표에 걸맞은 사람이 되기 위해 애썼다. 사람들의 기대에 부응해야 한다는 생각에 원래 나의 모습을 점점 잃어갔다. 결국 나는 번아웃을 맞았다.

'이게 진짜 내 모습 맞나?'라는 생각이 들기 시작했다. 원래 나는 딱히 돈 욕심도, 인기 욕심도 없었는데 어느 순간 나에게 이름표를 붙여준 사람들이 하는 말에 흔들려 내 의지와 무관하게 이런저런 일을 하게 되었다. 남들 눈에는 뭐든 다 잘되는 것 같아 보였겠지만 실상은 그렇지 않았다. 맞지 않은 옷을 입은 것처럼 어딘가 불편했다. 당시 내가 하는 모든 말과 행동이 진심에서 우러나왔다고 느껴지지 않았다.

•

우리는 언제나 다른 사람들이 붙여준 딱지를 달고 다닌

다. 신분, 직급, 직업과 소속 같은 이름표로 분류되고 그에 따라 신용이 생기고 다른 대우를 받는다.

사람들은 살아가면서 좋은 이름표를 얻기 위해 노력한다. 이름표가 반드시 나쁜 것만은 아니다. 이름표가 나의 정체성을 만들어주기도 한다. 하지만 지나치게 이름표에 어울리는 사람이 되려고만 하면 나 자신의 변화에 둔감해진다.

우리의 가치관은 계속 달라진다. 잘 생각해보자. 20년 전의 나와 지금의 내가 정말 똑같은 사람일까? 똑같은 상황에서 지금의 나는 과거의 나와 동일한 선택을 할 거라고 자신할 수 있을까? 이름표를 뗀 내가 어떤 사람인지, 무슨 이야기를 하고 싶은지 꾸준히 들여다보지 않으면 다른 사람들이 정해준 나의 모습이 진정한 나라고 생각하게 된다. 자신의 변화를 알아차리지 못한 채 예전에 누군가 붙여준 이름표에만 충실하려다 보니 내가 진짜 원하는 것이 무엇이고 앞으로 어떤 길을 가야 할지를 헷갈리게 되는 것이다.

나 역시 마찬가지였다. 10대, 20대, 30대가 될 때마다 내가 처한 상황과 그에 따른 의무는 달라졌다. 가령 변호사가 되어 여러 사건을 맡으며 나는 학교를 다닐 때와는 다르게 생각하게 되었다. 영상 촬영, 글쓰기 등 다양한 취미를 통해 새로운 사람들과 소통하고 또 다른 세상을 맛보면서 가치관이 바뀌었다. 즉, 나도 모르는 사이 예전과는 다른 나의 모습을 만들어나가고 있었던 것이다.

나는 스스로 과거와 달라진 점이 없다고 자부했지만 사실 그렇지 않았다. 다른 사람이 나를 뭐라고 부르느냐와 상관없이 나는 나의 경험을 통해 변화했다. 그런데 내가 어떻게 달라졌는지를 알아차리지 못한 채 남들이 '넌 이런 사람이니까 이렇게 해야 해'라고 정해준 길을 따르다 보니 진짜 원하는 목표를 추구하지 못해 불만이 쌓였다.

결국 나는 나와의 대화에서 남들이 붙여준 이름이 가야할 길이 아닌 나의 변화에 맞는 길을 직접 찾기로 했다. 이런 과정이 없으면 평생 진짜 내가 누구인지를 알아낼 수 없을 것 같았다. 또한 줏대 없이 다른 사람들의 말에 휘둘려 여기저기 떠돌게 될 것 같았다. 그러자 놀랍게도 마음이 홀가분해지고 하고 싶은 일이 떠올랐다.

혼자 있는 시간은 다른 사람에 의해서만 정의되던 나의 존재를 스스로 인식하게 만들어준다. 이것이 나만의 시간을 가져야 할 두 번째 이유다. 나 자신을 지속적으로 관찰해보자. 조용히 변화하는 내 모습을 발견해보자. 지금 나에게 무엇이 새롭게 필요해졌는지 알 수 있을 것이다.

혼자가 되면
문제가 보인다

외국 학교에서는 친구들과 싸우거나 숙제를 해오지 않거나 교칙을 어긴 학생들에게 근신 처벌을 내린다. 점심시간 혹은 방과 후 혼자 학교에 남아 반성하는 시간을 갖게 하는 것이다. 무언가를 잘못한 학생에게는 반성문을 적게 하고 숙제를 해오지 않은 학생에게는 밀린 숙제를 시킨다. 이 시간 동안에는 누구와도 이야기할 수 없다. 선생님이 감시할 때 외에는 무조건 혼자 있어야 한다.

내가 다닌 학교에서 근신을 받는 방은 교장실 옆방이었다. 그 방에는 "DETENTION ROOM! NO TALKING!"(근신의 방! 말하기 금지!)라는 문구가 대문자로 크게 써 있었다. 점심시간이 되면 모두들 그 방에 오늘은 누가 있고 무엇을 하는지에 관해 수근거렸다.

근신의 주목적은 처벌이 아니라 반성이다. 규칙을 어기거나 잘못을 저질렀을 때 교사가 일일이 무엇이 문제인지 가르쳐주기보다는 학생에게 자신의 행동을 직접 돌아보는 시간을 갖게 하는 것이다.

집에서도 마찬가지다. 아이가 부모의 말을 어기거나 잘못

된 행동을 했을 때는 "You are grounded!"(너는 외출 금지야!)
라고 하며 벌을 내린다. 나 역시 중, 고등학생 시절 친구들이
외출 금지를 당해 약속을 취소하는 것을 자주 봤다. 이것도
근신과 마찬가지로 밖에 나가지 않고 집에서 혹은 자기 방
에서 혼자 자신의 행동을 돌아보는 것이 주목적이다. 요즘은
집에서 핸드폰이나 게임을 못 하게 한다고 하던데 내가 어렸
을 때는 외출 금지가 제일 견디기 힘든 벌이었다.

　나는 근신 처벌을 받거나 외출 금지령을 받은 적이 많지
않지만 이런 문화에서 자라서인지 실수를 저지르거나 문제
를 일으켰을 경우 자연스럽게 혼자 반성하는 시간을 가진다.
누군가에게 혼나서 기분이 가라앉았거나 친구들과 말다툼을
하면 나만의 시간을 통해 문제의 요인과 나의 행동을 돌아본
다. 그러면 격해진 감정이 잠잠해지면서 '아, 오늘 내가 잘못
한 게 맞구나. 혼날 만했다' 혹은 '내가 생각이 짧았네, 친구
가 기분 나빠할 만하다'라고 생각하게 된다. 그리고 진심으로
반성한다. 내가 고쳐야 할 점이 무엇인지 차분히 알아보는 시
간을 보냈기에 가능한 일이다.

　혼자 가만히 앉아 생각해보면 나의 말과 행동이 남의 것
처럼 객관적으로 보인다. 내가 무엇을 잘못했고 어떻게 고쳐
야 하는지 돌이켜보며 앞으로 왜 같은 행동을 하면 안 되는

지를 납득하게 된다. 그리고 '이제부터 실수하지 말고 잘하자' 라고 생각하며 스스로에게 발전의 기회를 줄 수 있다.

．

최근 들어 자꾸 신경에 거슬리는 일이 있는가? 어떤 문제 가 벌어졌는데 해결하지 못해 마음이 무거웠는가? 당시에는 잘 참았다고 생각했는데 시간이 지나 곱씹어보니 더 화가 난 적이 있지 않은가? 그렇다면 나만의 시간을 통해 스스로에게 감정을 토로해보자.

머릿속에 엉킨 복잡한 감정을 말로 풀어내다 보면 고민의 근원을 찾고 해결책을 발견할 수 있다. 자연스럽게 그 과정에 서 감정도 정리된다. 즉시 달라지는 게 없더라도 최소한 내가 정확히 무엇을 불편해하는지는 알 수 있다. 그리고 문제를 극 복하는 방법을 천천히 생각해보게 된다.

처음 나만의 시간을 가질 때는 문제의 해결에 초점을 맞 추기보다 지금 느끼는 감정에 집중하게 되기도 한다. 하지만 이 시간에 익숙해지면 둘을 분리하는 능력을 키울 수 있다. '어떻게 나에게 이럴 수 있지?'를 '이 상황을 어떻게 해결하면 좋을까?'로 치환하는 것이다.

단, 머릿속을 정리하겠다고 너무 많이 생각하는 것은 오히려 독이 될 수 있다. 오래전의 사소한 일까지 끄집어내 의미를 부여하거나 미래를 지나치게 걱정하며 계획을 세우다 에너지를 낭비하게 되는 것이다. 이럴 때는 현재 존재하지 않는 문제를 분석하는 데 힘을 빼지 말고 지금 나를 불편하게 만드는 것이 무엇인지 빨리 찾아내려고 노력해야 한다. 그리고 정체를 알아냈다면 해결하고 다음 주제로 과감하게 넘어가야 한다.

나를 불편하게 만드는 고민, 생각, 감정을 그냥 지나치지 말자. 내가 아니면 아무도 나를 진심으로 챙겨줄 사람이 없다. 관점을 바꾸고 기분을 전환하고 스스로를 관찰하는 시간을 가져보자. 문제의 본질을 꿰뚫는 것은 물론 그 문제를 해결할 지혜도 얻을 것이다.

❝ 언제나 나 자신을 기억하라.

　　스스로를 깊게 파고들어라.

　　나는 내 삶의 관찰자이자

나의 행동, 자세, 표정, 호흡, 감각, 감정의 증인이다.

　다른 곳으로 뛰어오르려고 하지 말고

지금 그 자리에서 나를 관찰하라. ❞

_조너선 프라이스 Jonathan Pryce

CHAPTER 4

나만의 시간이 필요한
세 번째 이유, 거리 두기

타인의 평가에서
자유로워지려면

학생이었을 때도 변호사가 된 지금도 연말이 되면 비슷한 내용이 담긴 이메일을 받는다. 학교를 다닐 때는 수업을 듣는 교수의 강의 능력을 평가하라는 이메일을 받았고 직장인이 되고 나서는 동료나 상사의 업무 능력을 평가하라는 이메일을 받는다. 방금 전까지만 해도 함께 웃으며 이야기를 나누던 사람을 평가하라는 것이다.

이메일에는 나의 평가가 익명으로 처리되며 어떤 내용을 작성하든 어떠한 불이익도 없을 거라고 써 있다. 그 구절을 읽으면 '그럼 대충 써도 되지 않을까?'라는 생각이 문득 든다. '그 사람은 저번에 나에게 불편한 말을 했으니 나쁘게 평가를 남길까?'라는 짓궂은 생각도 한다. 이런저런 고민을 하다 결국 뭐라고 써야 할지 몰라 이메일을 무시한다. 그러면 며칠 뒤에 평가서를 제출하지 않았다며 또 이메일을 받는다. 매년 이런 일을 반복한다.

원하든 원하지 않든, 사실이든 아니든 사람들은 서로를 평가하고 서로에게 평가를 받는다. 우리가 무엇을 하든, 그 일을 잘하든 못하든 어딜 가나 다른 사람들은 끊임없이 말을 얹는다. 물론 기준은 평가를 하는 사람 마음이다.

타인이 나를 멋대로 판단하는 게 싫다고 해도 어쩔 수 없다. 누군가의 생각까지 막을 수는 없기 때문이다. 그러니 답은 하나다. 그 평가를 대하는 나의 자세를 바꿔야 한다.

단 한 번이라도 다른 사람의 평가에서 자유로워져본 적 있는가? 누가 뭐라고 하든 내가 하고 싶은 일을 하고, 그들이 나를 어떻게 평가하든 전혀 개의치 않아 하는 것이다. 아마 대부분 그런 경험이 드물 것이다.

우리는 종종 다른 사람의 비판과 시선에 얽매여 세상이 그렇다고 하는 것을 나의 생각이라 착각한다. 타인이 좋다고 하는 걸 좋아하고 그들이 싫다고 하는 건 피하고 그들이 나를 인정해주지 않으면 스스로 부족한 사람이라고 결론을 내린다. 그리고 좋은 평가를 받기 위해 그들과 최대한 비슷하게 행동하려고 노력한다.

하지만 타인의 평가에는 사실 그렇게 큰 힘이 없다. 대단하다고 생각했던 사람도 막상 만나보면 우리와 다를 바 없는 평범한 인간인 경우가 많다. 내 앞에 앉아 있는 냉정한 면접관도 밖에서는 그냥 지나가는 아저씨, 아주머니일 뿐이고 회사에서는 딱딱하게 느껴지는 사수도 누군가에게는 아는 언니, 오빠다. 아무리 나이가 들었어도 자신에 대해 잘 모르는 사람들이 태반이고 직급이 높아져도 여전히 비슷비슷한 고민을 한다. 그들에게 배울 점이 없다는 뜻이 아니다. 그들이 나를 어떻게 바라보고 이야기하든 그 말에 엄청난 설득력이 있는 것은 아니며 나쁜 평가를 받았다고 지나치게 주눅이 들 필요는 없다는 것이다.

우리를 평가하는 말들이 모두 옳거나 우리에게 극적인 동기를 부여하는 것도 아니다. 예를 들어 누군가 "유진이는 게으르고 성실하지 못하더라"라고 평가했을 때 내가 '아… 나는 참 게으르고 성실하지 못하네. 앞으로는 지금보다 더 부지런해지고 성실할 수 있도록 노력해야지!'라고 생각할까? '나는 그렇지 않아'라고 생각하고 말 것이다.

또 하나 예시를 들어보겠다. 정말 최선을 다해 공부를 했는데 시험에서 원하는 점수를 아쉽게 받지 못했다고 가정해보자. 누군가 "사실 너는 별로 열심히 공부한 게 아니야. 더 열심히 했어야지"라고 말했다면 내 노력이 의미가 없어지는 것일까? 물론 그렇지 않다. 사실은 아무것도 하지 않고 놀았는데 다른 사람에게 열심히 했다고 평가받는 경우가 있는 것처럼 죽을 힘을 다해 노력했지만 부족하다고 평가받는 경우도 허다하다.

사람들은 저마다 각자의 기준이 있다. 그 기준에 따라 자기 눈에 보이는 면만으로 상황을 판단한다. 어쩔 수 없는 일이지만 그렇다고 해서 그들의 기준에 일일이 맞춰줄 필요는 없다.

　　　　·

나만의 시간이 나에게 안겨준 가장 뜻깊은 선물은 바로 다른 사람들의 평가와 인정을 구걸하지 않게 되었다는 것이다. 내가 어떤 사람인지 알아내고 내가 추구하는 가치가 무엇인지 발견하고 그렇게 찾아낸 가치를 위해 새로운 일에 도전해보면서 내가 원하는 내 모습을 내 힘으로 그려나갈 수 있었다. 그러다 보니 어쩌다 다른 사람들이 나를 어떻게 생각하는지 알게 되어도 상처받거나 기분이 상하지 않았다. 나는 타인과 비교할 수 없는 멋진 사람이라는 자신감이 생겼기 때문이다.

"다른 사람들이 나를 어떻게 보겠어?"라는 말을 입에 달

고 사는 사람이 있다. 밥을 먹을 때는 젓가락질을 잘하니 못
하니 평가당할까 봐, 길을 걸을 때는 누군가 자신의 걸음걸
이를 보고 있을까 봐 걱정한다. 일을 할 때도 타인에게 그럴
듯하게 보이는 데만 열중해서 뭘 하든 온통 형식과 절차에만
얽매인다.

물론 다른 사람들의 평가가 중요할 때도 있다. 마음 가는
대로 행동하다 행여나 다른 사람에게 민폐를 끼칠까 봐 걱정
하거나 주변 사람들을 불쾌하게 만드는 말투나 태도, 자세를
고치고 싶어 하는 마음이 드는 것은 바람직하고 자연스러운
일이다. 하지만 더 나은 나를 만든다는 관점에서는 궁극적으
로 다른 사람의 평가와 시선에서 완벽하게 자유로워져야 한
다. 그러지 않으면 내가 인생에서 추구해야 하는 목표가 남들
의 시선에 가려질 수 있다.

사람들이 나를 보고 있는지, 나에게 관심이 있는지, 나를
어떻게 생각하는지 등에 신경을 꺼보자. 그러면 할 수 있는
게 굉장히 많아진다. 불가능하다고 생각했던 일을 겁 없이
추진해보는 용기가 생기고 다른 사람 눈치 보느라 소비하던
에너지를 온전히 자신에게만 사용할 수 있게 된다.

아직도 우리에게는 해야 할 일이 너무 많다. 잘 생각해보
면 하고 싶은 일도 많이 있을 것이다. 더 배워야 할 것도 많고

발전 가능성도 무궁무진하다. 누군가에게 좋지 않은 평가를 받았어도 그것이 앞으로 살아갈 수많은 나날에 미칠 영향은 극히 작다. 자유로운 혼자가 되는 것이 타인과 함께 새장 속에 갇혀 있는 것보다 인생에 얼마나 더 큰 즐거움과 행복을 안겨주는지 직접 경험해보길 바란다.

나와 맞지 않는 사람들, 잠시 안녕

미국에서 조지아주, 뉴욕주 변호사 시험에 합격하고 한국으로 돌아와 사회생활에 첫발을 들이면서 나는 문화적 차이를 빨리 극복해야 한다는 조바심을 느꼈다. 회사에서는 동료들과 협력하는 게 우선이니 최대한 사람들에게 미움받지 않으려고 노력했다.

물론 사람들이 나의 노력을 알아줄 리는 없었다. 입사 시기도 비슷하고 나이도 같은 또래임에도 회사에는 나보다 사회생활을 훨씬 잘하는 사람들이 많았다. 그 사이에서 낯을 가리는 내가 적응하는 게 쉽지 않다는 것은 어찌 보면 당연한 일이었다.

　무엇보다 나는 평소에 순간순간 떠오르는 생각을 당당하게 표현하는 성향이었다. 조금은 보수적인 분위기인 한국의 직장에서 이런 성격은 좋게 평가받기 힘들다. 회의에서 나의 입장을 솔직하게 드러내거나 손을 들고 반론을 제기하거나 갑자기 떠오른 아이디어를 정제하지 않고 바로바로 공유하는 것이 문제가 될 것이라 생각하지 못했다. 아무리 좋게 예의를 갖춰 이야기해도 상황을 복잡하게 만든다고 핀잔을 듣거나 자기 입장만 생각하는 이기적인 사람이라는 소리를 듣는 게 냉정한 현실이었다.

　"누군가 의견을 물어봐도 그냥 가만히 있는 게 좋아. 어쩔 수 없어. 그게 사회생활이야."

　고군분투하는 나의 모습이 안쓰러워 보였는지 친한 선배가 조언을 해줬다. 그렇다. 내 의도가 어떻든 사람들이 이런 나의 모습을 좋게 볼 리 없었다.

　다른 의견이 있어도 동의하는 척 거짓말하는 것이 옳을 때가 있다고 한다. 새로운 아이디어가 떠올라도 모른 척 가만히 있어야 할 때도 있다고 한다. 누구에게는 너무 당연한 사회생활의 규칙이겠지만 나는 힘들었다. '아니… 잠시만, 이건 아닌 거 같은데…' 하고 속으로 끙끙 앓은 적이 한두 번이 아니었다.

정신없이 일상을 보내며 계속해서 떠오르는 생각을 억누르기를 반복했다. 하고 싶은 말이 밖으로 표출되지 않으니 마음이 답답해져 변덕이 죽 끓듯 했다. 결국 스트레스가 극에 달해 의욕이 없어지고 아무 생각 없이 시키는 대로 따라 하는 로봇이 되어갔다. 나의 감정을 계속 숨기면서 무기력증이 생겼고 일에 대한 의욕을 점점 상실했다.

누군가 나의 의견을 묻고 나의 가치관을 존중해줬다면 얼마나 좋았을까? 하지만 그건 너무 큰 욕심이었다. 조금이라도 내 생각과 감정에 솔직해질 수 있는 공간이 필요했다. 그래서 매일 플래너에 이렇게 적었다.

'새벽 5시, 출근 전 온전한 나만의 시간. 나에게 솔직해지는 시간!'

•

나에게 솔직해질 수 있는 시간, 내 이야기를 듣는 대상은 나 자신으로 설정했다. 나는 그동안 밖으로 꺼내지 못했던 생각과 감정을 끄집어냈다.

곰곰이 생각해보면 우리는 참 자신에게 솔직하지 못하다. 오랫동안 노력해서 좋은 성과를 달성했을 때 내가 열심히 해서 이룬 결과임을 알면서도 남들에게는 운이 좋아서 된 거라고 이야기한다. 잘나가는 누군가가 너무 부럽고 배 아프지만 속 좁은 사람이 되기 싫어 그렇지 않은 척을 한다. 분명 괜찮은 아이디어나 의견이 있지만 꽁꽁 숨기고 제시하지 않는다. 말해봤자 이상한 사람이 되니까.

하지만 나만의 시간에는 그럴 필요가 없다. 이때는 어떤 생각이든 모두 솔직하게 이야기할 수 있는 기회를 얻는다. 이것이 나만의 시간이 가진 또 다른 매력이다.

자신에게 솔직해진다는 것이 인생에 무슨 도움이 될까 싶을지도 모르겠다. 이는 먼지 가득하고 쓸모없는 물건으로 가득 찬 방을 청소하는 과정과 같다. 묵은 때가 낀 자신의 생각과 감정을 전부 꺼내고 머릿속을 새롭게 정리하는 것이다.

방을 비우면 까맣게 잊고 있었던 예쁜 골동품을 발견할 수도 있고 새로운 가구로 그 방을 채울 수도 있다. 마찬가지로 누구의 눈치도 보지 않고 솔직하게 자신과 대화를 나누다 보면 나도 몰랐던 나의 모습을 알 수 있고 자신을 더욱 멋지게 발전시킬 수 있다.

나는 나와 맞지 않는 사람들, 다른 생각을 가진 사람들과 잠시 거리를 두고 나만의 시간을 진심으로 즐기게 되었다. 예전에 내가 좋아했던 일을 다시 시작했고 지금 하고 싶은 일을 맘껏 즐겼다. 아무도 관심 없는 나의 아이디어와 생각들을 나만의 방식으로 창조해나갔다. 그러다 보니 회사 일도 다시 즐거워졌다. 그뿐만 아니라 배우고 싶은 것도 많아졌고 여러 분야에 나의 재능을 기부하고 싶다는 욕구도 타올랐다. 나에게 솔직해짐으로써 더 다채로운 나를 더 만든 것이다. 시끄러운 세상에서 벗어나 한없이 자유롭고 솔직해지는 것, 나만의 시간이 필요한 마지막 이유다.

66 인간은 혼자 있을 때만 진정한 자신이 될 수 있다.
고독을 즐기지 못하는 사람은
자유도 사랑하지 못한다.
혼자인 인간만이 진정으로
자유로워질 수 있기 때문이다. 99

_아르투어 쇼펜하우어 Arthur Schopenhauer

CHAPTER 5

나만의 시간을
확보하는 방법

➤ 혼자가 된다는 것의 의미

슬럼프가 오는 이유는 무엇일까? 육체적으로 피로가 쌓여서 그럴 수도 있겠지만 그보다는 정신이 피로해져서일 가능성이 크다.

우리는 상황이 원하는 대로 풀리지 않을 때, 무언가를 더 잘하고 싶은데 뜻대로 되지 않을 때 스트레스를 받고 슬럼프에 빠진다. 나도 모르게 정신적으로 에너지를 지나치게 소비한 것이다. 마음의 피로는 잠을 푹 잔다고 해결되지도 않는다. 오히려 불면증으로 이어지기도 한다.

이럴 때는 나만의 시간을 가지는 게 큰 도움이 된다. 굳이 문제의 원인을 직접 해결하려고 하지 않더라도 혼자가 되어 외부의 자극을 잠시 차단하는 것만으로도 피로가 해소될 수 있다. 쓸데없이 감정을 소비하고 걱정을 유발하는 상황에서 벗어나 잠시 속도를 늦추며 긴장을 풀고 에너지를 충전하는 것이다.

그런데 내가 나만의 시간을 가져야 한다고 이야기하면 어떻게 이 시간을 만들어야 하는지 잘 모르겠다고 답하는 사람들이 많다. 비자발적으로 혼자가 된 적은 많지만 일부러 혼자 있는 시간을 가져본 적은 드물다는 것이다.

물론 사회생활을 하면서 완벽하게 혼자가 되기란 어려운 게 사실이다. 그래서 나는 새벽에 일찍 일어나 나만의 시간을 갖는다. 모두가 잠들어 있는 시간이어서 타인의 방해를 차단하고 내면의 소리에 집중하기가 용이하기 때문이다. 하지만 모두 이른 새벽에 일어날 수 있는 것은 아니다. 그렇다면 어떻게 혼자만의 시간을 확보할 수 있을까?

지금부터 나만의 시간을 만드는 4단계 방법을 소개할 것이다. 앞서 이야기했지만 나만의 시간을 가진다는 것은 단순히 물리적으로 어떤 공간에 혼자 있는 것을 의미하지 않는다. 정신도 완전히 혼자가 되어야 한다. 오늘 무슨 일을 했고 주변 사람들이 무슨 말을 했는지 떠올리는 것은 나만의 시간을 가지는 게 아니다. 이때는 오로지 나를 중심으로 두고 현재 나의 감정과 생각을 자세히 들여다봐야 한다.

STEP 1.
외로움을 극복하기

나만의 시간을 가지기가 어려운 이유는 무엇일까? 일단 우리가 혼자에 친숙하지 않기 때문이다. 나만의 시간을 확보하는 첫 번째 단계는 외로움을 극복하는 것이다.

'혼자'라는 단어를 들으면 어떤 기분이 드는가? 아마 외롭고 쓸쓸한 느낌이 먼저 들 것이다. 혼밥(혼자 밥 먹기), 혼영(혼자 영화 보기) 같은 말이 대중화되었다지만 아직도 누군가 "혼자 여행 왔어요" 혹은 "휴일에 혼자예요"라고 이야기하면 제일 먼저 '왜? 무슨 일 있나?'라는 생각이 떠오른다. 나 역시 혼자 어디에 간다고 하면 지인들이 종종 "내가 같이 가줄게!"라고 친절(?)을 베푼다. 나는 정말 괜찮은데 말이다.

무엇이든 혼자보다는 함께해야 정상이고 친구가 많아야 좋은 사람이라고 생각하는 사람들이 많다. 그 사람이 괜찮은 사람이면 분명 다른 사람들이 혼자 있게 두지 않았을 거라고 생각하는 것이다. 휴일을 혼자 보내지 않기 위해 미리 친구와 약속을 잡는 것은 필수, 모임에 한 번이라도 빠지면 사람들과 멀어질까 봐 걱정하고, 특별한 이유 없이 혼자 있으면 불안해지기도 한다. 친구 없는 외톨이라 무시당할까 봐 어려운 자리에 갈 때는 꼭 누군가와 동행한다.

하지만 이렇게 혼자 있는 게 불안해지는 순간이 역설적으로 가장 자기만의 시간이 필요한 때다. 혼자가 되는 게 두려워서 사람들을 만나는 건데 그럴수록 혼자 있으라니 무슨 말인지 이해가 되지 않을 수도 있다. 하지만 외로움은 혼자 있어서 오는 것이 아니다. 주변에 친구가 많고 그들에게 충분히 사랑받아도 외로워질 수 있다.

나도 과거에는 그랬다. 외로움이 너무나 싫어 잠시라도 혼자 있는 걸 피했다. 어렸을 때부터 가족과 떨어져 지낸 경험이 많았던 탓에 혼자 남겨진 기분과 늘 싸워야 했다. 성인이 되어서 자유롭게 친구를 만나 외출을 하고 한국에서 가족과 함께 지내면 외롭지 않을 거라 기대했지만 착각이었다. 동호회나 모임에도 열심히 참석해봤지만 사람들과 시끌벅적하게 시간을 보내고 홀로 집에 돌아오는 길은 오히려 더 쓸쓸하게 느껴졌다. 상대방을 알아가고 싶다는 목적이 아니라 외로움을 채우기 위해 사람들을 만나니 관계가 좋게 이어지지 않았다. 주변 사람들이 아무리 날 아껴줘도 더 큰 관심과 사랑을 갈구했다. 힘든 일이 생기면 '내가 이렇게 힘든데 먼저 연락해줘야 하는 거 아닌가?', '내가 이렇게 외로운데 왜 지금 내 옆에 있어주지 않는 거지?'라는 생각이 나를 좀먹었다. 그렇게 생긴 허무함을 채우기 위해 또 타인에게 의지하고 상처받는 굴레에 갇혔다.

·

이 과정에서 나는 몇 가지를 배웠다.

첫 번째는 외로움이 절대 사람으로 채워질 수 없다는 것이다. 오로지 자기 자신만이 외로움을 해결할 수 있다. 한두 번은 다른 사람들과 만나며 외로움을 해소할 수 있겠지만 그것도 잠시뿐, 그들이 언제나 옆에 있어줄 거라 기대하게 되고 내가 원하는 기준을 충족시켜주지 못하는 순간 더 깊은 외로움에 빠지게 된다.

두 번째로 외로움은 나 자신에게 집중하라는 신호라는 것이다. 나는 사람을 좋아해서 항상 여러 사람들과 함께했고 인복이 많아서 주변에 나를 사랑해주는 사람들도 많았지만 이유 없는 외로움을 많이 느꼈다. 혼자 있는 시간에 익숙해지고 나서야 그 감정이 나 자신을 잃어간다는 생각 때문에 생긴 불안이라는 사실을 깨달았다. 다른 사람과 거리를 두고 나 자신의 내면과 더 가까워져야 했는데 혼자가 될 거라는 두려움에 나를 멀리했다. 스스로 나를 내팽개치고 외롭게 만든 것이었다.

반면 나 자신과 친해질수록 외로움은 사라졌다. 조용히 내면에 집중하자 내가 혼자 있어도 괜찮을 만큼 강한 사람이라는 것을 알게 되었다. 그렇게 다른 사람의 도움 없이 홀로 서는 방법을 터득했다.

세 번째로 외로움은 우리 모두가 느낄 수 있는 자연스러운 감정이라는 것이다. 우리가 느끼는 감정을 억누르거나 적절하게 조절할 수는 있겠지만 다시는 특정한 감정을 느낄 수 없도록 완전히 차단하는 방법은 없다. 외로움은 인간이라면 살아가면서 계속 만날 수밖에 없는 감정이다. 잠시 외로움을 제거했다고 해서 앞으로 영원히 외로움을 느끼지 않는 것은 아니다. 외로움을 느낄 때마다 다른 사람을 찾아갈 수는 없으니 이 감정에 잠식되지 않을 나만의 방법을 만들어야 한다. 다른 사람이 아닌 자기 자신에게 의존하는 습관을 길러야 한다는 것이다.

STEP 2.
나만의 시간 계획하기

외로움을 극복하기로 마음먹었다면 하루 중 언제 나만의

시간을 가질 수 있는지 확인해보자. 그리고 '혼자만의 시간 보내기'를 일과로 배정해보자. 우연히 틈나는 시간에 혼자 있는 게 아니라 주도적으로 혼자 있는 시간을 만들어보는 것이다. 지인과 약속을 잡듯 원하는 시간에 나와의 약속을 스케줄에 끼워 넣으면 된다.

나만의 시간은 오늘 저녁 잠들기 전으로 계획해도 좋고 내일 출근 전으로 배정해도 좋다. 하루 중 제일 집중이 잘되는 시간, 방해받지 않고 온 신경을 나에게 쏟을 수 있는 시간대면 언제라도 괜찮다. 그리고 이 시간이 되면 나 자신에게 몰입하면 된다. 나는 이른 아침에 나만의 시간을 보내는 것을 선호하지만 새벽 기상이 자신에게 잘 맞지 않는데 무리해서 일찍 일어날 필요는 없다.

도무지 시간이 없다고? 나만의 시간이 길 필요는 없다. 나만의 시간을 처음 갖는다면 하루에 30분 정도만 할애해도 충분하다. 나에게 30분도 내주지 못한다는 것은 핑계다. 당장 해야 할 일을 전부 멈추고 모든 사회생활을 단절하는 게 아니라 잠시 스스로에게 시간을 선물하는 것뿐이니 혼자만의 시간을 가지는 것에 너무 부담을 느끼지 말자.

또한 나만의 시간에 꼭 집에만 있어야 하는 것은 아니다. 물론 새벽에는 딱히 갈 곳이 없기 때문에 집에서 보내는 것이 최선이겠지만 그렇지 않을 경우에는 분위기 좋은 카페나 조용한 독서실에 가는 것도 괜찮다. 점심시간이나 업무 시작 전 혼자만의 시간을 가질 예정이라면 비어 있는 회의실도 나쁘지 않다. 내가 현재 놓여 있는 상황에서 완벽히 분리될 수 있다면 어디든 좋다. 여기서 한 가지 팁을 더 알려주자면 따듯한 차나 달콤한 음료 그리고 좋아하는 음악을 함께 준비해보자. 즐거움을 더해줄 것이다.

혼자만의 시간에는 관심을 빼앗는 모든 것들을 잠시 무음 모드로 돌려보자. 이 시간에는 오로지 나 자신에게만 관심을 기울여야 한다. 친구는 물론 가족, 연인 등 마음을 불편하게 만드는 관계가 있다면 다 잊어버린다. 혼자 있는다고 무조건 나만의 시간을 보내는 게 아니다. 정말 자신에게 집중하지 않으면 의미가 없다.

조용한 공기가 어색해 문득 '누구에게 만나자고 할까?'라는 생각이 들면 '오늘만큼은 특별히 나를 위한 시간을 보내자'라고 되뇌보자. 지루하고 딱히 할 일이 없다고 무의미한 시간이라고 생각하지 말고 나에게 혼자 있을 기회를 줘야 한다. 나만의 시간에 흐르는 정적을 참지 못하는 것은 친구를 만났는데 잠시 말이 끊겼다고 이만 헤어지자는 것과 같다.

혼자 있는 시간은 나 자신을 사랑하는 데 필요한 가장 기본적인 요소다. 나를 보호하기 위한 안전장치 같은 역할을 하기도 한다. 이 순간만큼은 나를 먼저 생각하자. 자신을 돌아보고 읽어보고 찾아보자. 그리고 스스로를 관리해보자. 처음에는 힘들겠지만 어느덧 이 시간이 하루 중 가장 기다려지는 시간이 될 것이다.

STEP 3.
주변 정리하기

나만의 시간을 보내는 것에 서툰 사람들에게는 자신을 일상에서 분리하는 게 어렵게 느껴질 수 있다. 오랫동안 연락하지 않은 친구의 안부가 궁금해지기도 하고 별로 중요하지 않은 일인데 당장 끝내지 않으면 안 될 것 같아 초조해지기도 한다. '이 책을 왜 여기에 꽂아뒀지?', '이 서류 그렇게 찾아도 안 보이더니 여기 있었네?' 하면서 평소 보이지도 않던 것들이 보이고 할 일이 생각날 것이다.

만약 이런 이유들로 혼자만의 시간을 갖지 못하고 있다면 당신은 아마 자신에게 집중하는 데 익숙하지 않을 확률이 높다. 나만의 시간을 보내려고 하는데 집중력이 계속 흐트러진다면 신경 쓰이는 물건이나 일을 하나씩 정리해보기를 추천한다. 방 청소를 하거나 평소 들고 다니는 지갑과 가방을 비워보는 것이다.

주변을 정리하는 일은 마음을 정리하는 것과 같다. 노트북에 저장되어 있던 필요 없는 사진과 파일을 정리해보자. 더이상 사용하지 않는 물건을 과감하게 버리고 먼지가 가득 쌓여 있는 물건을 닦아 잘 보이는 곳에 다시 배치해보자. 계절에 맞지 않는 옷은 정리하고 오랜만에 이불 빨래도 해보자.

무분별하게 쌓인 이메일과 핸드폰에 저장되어 있는 연락처도 정리해보자. 더 이상 연락하지 않는 사람들, 누군지도 모르는 사람들의 전화번호를 정리하면서 생긴 빈 공간만큼 마음에도 여유가 생길 것이다. 이제 그 공간을 더 효율적으로 사용하면 된다.

STEP 4.
죄책감 버리기

나만의 시간을 잘 가지지 않는 사람들은 혼자 있기가 외로워서 친구들을 찾아다니는 사람들이 많지만 반대로 다른 사람들이 나를 찾을까 봐 걱정되어서 혼자 있지 못하는 사람들도 있다. '내가 빠지면 사람들이 서운해할 텐데…', '친구가 힘든데 내가 옆에 있어줘야 하는 것 아닌가?', '내가 자리를 비우면 아이가 날 찾을 텐데…'와 같은 생각으로 혼자 있는 시간을 포기하는 것이다. 하지만 다른 사람들을 걱정하느라 혼자만의 시간을 갖지 못한다는 말은 핑계다. 자신이 소중한 존재가 아니라는 것을 스스로 인정하는 셈이다.

나 역시 처음 혼자만의 시간을 가질 때 이유 모를 죄책감과 부담감에 휩싸였다. 하지만 누군가 날 찾을지도 모른다는 걱정은 나 혼자만의 착각이었다. 친구들과의 약속을 줄이고 당당하게 나만의 시간을 즐겨도 그들은 전혀 개의치 않았다. 물론 약간 서운하다고 표현하는 친구들도 있었지만 나중에 만나 이런저런 밀린 이야기를 나누면 할 말이 많아 더욱 즐거웠다. 내가 중요한 무언가를 놓친 것도 아니었다. 친구들이 나를 빼고 즐거운 시간을 보낸 만큼 나도 나만의 방식으로 행복한 시간을 가졌기 때문이다.

나만의 시간에 익숙해지려면 연습이 필요하다. 처음에는 함께 시간을 보내던 친구 혹은 가족을 내버려뒀다는 죄책감을 느끼기도 한다. 하지만 이 감정은 정말 그들에게 잘못을 저질러서가 아니라 혼자만의 시간을 보내는 게 어색해서 생긴 감정일 가능성이 크다. 나만의 시간을 만끽할 수 있는 기회가 와도 무엇을 해야 할지 몰라 자신의 감정이 아닌 다른 사람이 느끼고 있을 법한 감정을 더 궁금해하는 것이다.

나만의 시간은 결코 잘못된 시간이 아니다. 물론 문제가 생겼는데 일방적으로 연락을 끊어버리거나 다른 사람을 차단해버리는 행위는 삼가야 한다. 그건 혼자만의 시간이 필요한 것이 아니라 문제를 회피하고자 하는 목적이 더 크기 때문이다. 하지만 이런 경우가 아니라면 다른 사람과 잘 지내는 것보다 나와 잘 지내는 것이 우선이라는 사실을 반드시 기억해야 한다. 나 자신이 없는 인간관계는 오래 지속될 수 없으며 무의미하다.

나만의 시간을 통해 얻은 여유는 인간관계에 긍정적인 영향을 끼친다. 갈등이 일어나더라도 마음이 너그러우니 상대방을 바꾸려 불필요한 감정싸움에 매달리지 않고 한발 물러나 문제를 직시하고 해결책을 모색할 수 있게 된다. 다른 사람의 빛을 쫓아가지 말고 자신만의 빛을 발하는 방법을 배워보자. 신기하게도 그 빛을 따라 다른 사람들도 함께 반짝이게 될 것이다.

66 혼자가 되는 것의 가장 큰 미덕은
당신의 마음이 독자적인 길을
걸을 수 있다는 것이다. 99

_앤디 루니 Andy Rooney

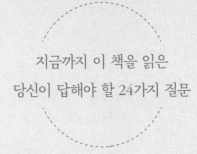

지금까지 이 책을 읽은
당신이 답해야 할 24가지 질문

1. 나만의 시간이란 무엇인가? 자신만의 방식으로 정의해보자.

2. 마지막으로 나만의 시간을 가진 게 언제인가? 주도적으로 자신만의 시간을 계획한 적이 있는가?

3. 자신을 우선순위에 두지 못하는 이유는 무엇인가?

4. 우연히 혼자 있게 되는 시간에는 무엇을 하는가?

5. 힘들고 지칠 때는 무엇을 하는가?

6. 현재 자신의 심리 상태는 어떠한가? 회복이 필요한가?

7. 최근 불안한 적이 있었는가? 그렇다면 잠시 눈을 감고 안정을 취하며 자신을 위로하자.

8. 자존감이 낮은가? 그렇다면 그렇게 된 원인은 무엇인가?

9. 나는 얼마나 괜찮은 사람인가?

10. 다른 사람의 기준이 아닌 내가 생각하는 행복이란 무엇인가?

11. 누구에게도 말하지 못하는 고민이 있는가? 그렇다면 스스로에게 이

야기해보자. 해결 방법을 찾을 필요는 없다.

12. 최선을 다해 이루고자 하는 것은 무엇인가?

13. 정말 노력했는데도 목표를 이루지 못한 적이 있는가? 그 상황을 어떻게 극복했는가?

14. 현재 내가 달고 있는 이름표는 무엇인가? 그 이름표가 없는 나는 누구인가?

15. 지난 몇 개월간 나는 어떻게 변화했는가?

16. 현재 신경에 거슬리는 일이 있어서 마음이 무거운가? 마음을 비우기 위해 어떻게 하고 싶은가?

17. 평소 잘못을 저질렀을 때 어떻게 반성하는가?

18. 다른 사람의 평가에서 자유로워진 적이 있는가?

19. 왜 다른 사람의 시선이 신경 쓰이는가?

20. 나 자신은 다른 사람들을 어떻게 평가하고 있는가? 그 평가는 어떠한 효력을 지니고 있는가?

21. 평소 마주하기 두렵거나 나를 어떻게 생각할지 걱정하게 만드는 사람이 있는가? 그 사람은 어떤 사람인가?

22. 그 사람의 평가와 시선이 현재 본인의 삶을 좌우하는가?

23. 나는 어떤 사람인가? 다른 사람의 기준에 얽매이지 말고 나를 정의해보자.

24. 자신에게 얼마나 솔직한가?

PART **2**

나만의 시간을
제대로 활용하는
첫 번째 방법,
리셋

CHAPTER 6

인생도
리셋이 가능하다

다시
0으로 만들기

일과를 끝내고 잘 준비를 마쳤다. 포근한 침대에 누워 눈을 감고 잠을 청해본다. 그런데 문득 오늘 내가 한 말과 행동들이 떠오른다. 아까는 아무 생각 없었는데 지금 곰곰이 돌이켜보니 실수를 한 것 같다. '내가 왜 그런 말을 했을까?', '내가 왜 그런 행동을 했을까?'라는 생각에 잠을 설친다. 그러고 보니 오늘 나의 하루는 계획대로 된 것이 하나도 없었다. 오늘의 내가 썩 마음에 들지 않는다.

왜 그랬는지 이해할 수 없는 나의 과거 행동을 다 지우고 싶었던 적이 있지 않은가? 다시는 그런 실수를 안 하겠다고, 앞으로는 달라지겠다고 마음먹었다가 '그런다고 변하는 게 있을까?' 하며 체념한 적도 있을 것이다. 누구에게나 마음에 들지 않는 자신의 모습을 지워버리고 싶어지는 순간은 찾아온다. 때로는 그냥 모든 것을 처음부터 다시 시작하고 싶어지기도 한다.

어떻게 해야 할까? 방법은 있다. 바로 리셋reset을 하면 된다. 여기서 리셋이라고 하면 대부분 컴퓨터에 오류가 나서 멈춰버렸을 때 전원 버튼을 누르는 장면을 떠올릴 것이다. 내가이 책에서 이야기하는 리셋도 비슷한 개념이다. 우리의 인생은 리셋이 가능하다.

시간을 돌릴 수 있는 것도 아니고 사람들의 기억을 지울수도 없는데 혼자 리셋을 하는 게 무슨 의미가 있는지 의문이 들지도 모른다. 하지만 시간을 돌리거나 기억을 지우는 것보다 내가 달라지는 게 인생을 바꾸는 더 쉬운 방법이다.

내가 정의하는 리셋의 핵심 개념은 나 자신을 새롭게 재설정하는 것이다. 자신을 0의 상태로 만들어보자. 그리고 다시 시작하면 된다. 어제까지 내가 어떤 사람이었든지 오늘부터 새로운 사람이 되어보는 것이다.

•

새로운 곳, 새로운 사람을 만나면 본능적으로 자신을 숨기게 될 때가 있다. 세상은 보통 이런 걸 내숭이나 가식이라고 비꼰다. 그래서인지 과거의 나를 버리고 새로운 모습으로 거듭나기로 결심했다가도 '내 주제에 무슨…' 하고 원래대로 되돌아가버리는 사람들이 많다.

하지만 리셋은 자신을 꾸며내는 게 아니다. 진짜로 새로운 사람이 되는 것이다. 나를 둘러싼 현실이 변한 게 없더라도 새로운 사람을 만났을 때처럼, 새로운 환경을 접했을 때처럼 행동하는 것이다.

리셋을 하기 위해 가장 중요한 건 자신을 가두지 말아야 한다는 점이다. '이제 와서 뭐 하나?'가 아닌 '지금부터 시작이다!'로 관점을 바꿔보자. 스스로 생각하는 인생의 문제점에 발목 잡히기보다는 모든 걸 훌훌 털어버리고 과감하게 어제의 자신으로부터 탈출하는 것이다.

얼마 가지 않아 본모습이 나온다고 해도 좌절할 필요는 없다. 또다시 리셋하면 된다. 리셋에 실패했다고 불만족스러운 자신의 모습을 계속 유지하는 것보다 필요할 때마다 초기화하는 게 더 현명한 방법이다.

우리는 몇 번이고 계속 새로운 사람이 될 수 있다. 달라져야겠다고 마음먹고 그 결심을 실천으로 옮기기만 한다면 말이다. 다른 사람들이 나를 어떻게 생각하는지는 중요하지 않다. 그들에게 인정받기 위해 새로 시작하는 것이 아니니까.

리셋의
두 가지 필요조건

지금까지 나만의 시간을 가져야 하는 이유와 그 시간을 어떻게 확보해야 하는지를 살펴봤다면 이제부터는 나만의 시간을 잘 활용하는 구체적인 방법을 소개하려고 한다. 나는 이것을 두 단계로 구분하는데 첫 번째는 리셋이고 두 번째는 발전이다.

우선 파트 2에서는 리셋에 대해 이야기를 해보려고 한다. 리셋을 가장 효율적으로 하기 위한 두 가지 필요조건이 있다. 바로 언런unlearn과 절제다.

언런은 경험, 편견, 고정관념, 지식 등 나를 이루고 있지만 더 이상 나의 발전에 도움이 되지 않는 요소들을 지우는 과정을 의미한다. 절제는 현재 가지고 있는 자신의 안 좋은 습관, 행동, 버릇 등을 제거함으로써 스스로 세운 자아의 벽을 깨는 것을 의미한다. 즉, 이 두 가지 필요조건은 발전으로 나아가기 위한 준비 과정이라고 보면 된다.

" 오직 나만이 내 삶을 바꿀 수 있다.
아무도 그 일을 대신 해줄 수 없다. "

_캐럴 버넷 Carol Burnett

CHAPTER 7

리셋의 첫 번째 필요조건, 언런

얼룩덜룩한 도화지를
새것으로

깨끗한 도화지에 그림을 그리면 이미 지저분하게 낙서되어 있는 도화지에 그림을 그릴 때보다 결과물이 더 명확하게 보인다. 이처럼 삶을 지금보다 조금 더 뚜렷하고 깔끔하게 그려내기 위해서는 기존에 그려놨던 자신의 모습을 지워야 한다. 갖고 있던 생각, 알고 있던 지식, 기존에 유지하고 지켜온 자신만의 신념과 가치관 등을 모두 과감하게 삭제해버리는 것이다. 나는 이것을 언런이라고 부른다.

언런은 리셋된 나를 만나기 위한 첫 번째 필요조건이다. 어렸을 때의 나를 하얀 도화지라고 생각해보자. 살면서 그 위에 이런저런 그림을 그려왔을 것이다. 그런데 더 이상 공간이 없는데도 꾸역꾸역 낙서를 하고 있지 않은가? 예전에 무엇을 그렸는지 더 이상 알아볼 수 없고 새로 그린 그림은 기존의 그림과 섞여서 형체가 모호해졌을지도 모른다.

언런은 쉽게 말해 오래전 나의 도화지에 그려놓은 지저분한 낙서를 지우는 일이다. 지금의 삶이 만족스럽지 않다면 도화지에 그려진 규칙을 전부 지워버리자. 가능하다면 아예 새로운 종이로 교체하는 것도 좋다.

이때 내가 생각하는 나의 모습을 지워버리는 것도 중요하지만 다른 사람이 일방적으로 정해놓은 나의 모습도 반드시 없애버려야 한다. 또한 반대로 내가 생각하는 다른 사람들의 모습도 머릿속에서 완전히 내보내야 한다. 즉, '나는 이런 사람이야! 그러니 이렇게 행동해야 해'라는 생각을 휘발시키고 누군가에게 "내가 볼 땐 말이야. 너는 이런 사람이야"라는 말을 들었던 기억을 삭제해야 한다. '저 사람은 원래 이런 사람이니까 나에게도 그렇게 행동하겠지?'라는 고정관념도 마찬가지다. 나에 대한 것이든 타인에 대한 것이든 아직 일어나지도 않은 일인데 모든 답을 이미 알고 있다는 듯 예측하려 드는 버릇을 전부 없애버리는 것이다.

사람에 관한 고정관념을 지우는 것도 중요하지만 때로는 자신의 경험과 지식을 언런해야 하는 경우도 있다. 전에는 답이었던 나의 경험과 지식들이 더 이상 옳지 않을 수 있다는 사실을 깨달아야 한다.

언런이
필요한 이유

내가 처음 언런의 중요성을 깨달은 것은 중학생 때였다. 여러 나라와 홈스테이를 옮겨 다니면서 나는 매 순간 혼란을 겪었다. 새로운 배경과 문화를 가진 사람들을 만날 때마다 기존의 버릇과 습관, 편견, 상대를 보는 관점 등을 모두 지워버려야 했다. 새로운 것을 계속 경험하며 배움을 축적하면 자연스럽게 발전하고 성장하는 줄 알았는데 내 경우에는 그렇지 않았다. 오히려 내가 가지고 있던 생각들을 지워야 더 빨리 적응하고 새로운 것을 습득할 수 있었다. 로마에 가면 로마법을 따르라는 말처럼 새로운 문화에 적응하기 위해 반드시 거쳐야 하는 과정이었다.

중학생이 되자 막내 혹은 어린아이라는 보호막 뒤에서 실컷 누려온 철없는 행동들이 더 이상 용납되지 않았다. '난 여태 이렇게 살아왔는걸. 내가 왜 변해야 하지?', '전에 살던 곳에서는 문제 되지 않았는데, 왜 이곳에서는 문제 삼는 거지?'라는 생각이 들었다. 하지만 생각해보니 여태 이렇게 살아왔으니 앞으로도 그렇게 살아야 한다는 생각은 핑계일 뿐이었다. 기존의 방식대로 살면 과거와 똑같을 수밖에 없었다.

고작 중학생이 이런 생각을 했다니 믿기지 않을 수 있겠지만 '난 더 이상 아이가 아니야'라고 되새기다 보니 어제까지만 해도 어리광만 부리던 나 자신이 달라지는 걸 느꼈다. 원하는 것이 이뤄지지 않으면 눈물부터 흘렸던 내가 더 이상 스스로 어린아이가 아니라는 사실을 깨닫고 어린아이가 할 법한 행동을 언런한 것이다.

언런을 이야기하다 보니 재미있는 추억이 하나 떠오른다. 나는 뉴질랜드에 있을 때 맨발로 밖을 돌아다니는 것을 좋아했다. 뉴질랜드는 워낙 깨끗한 나라다 보니 야외에서 맨발로 걸어다녀도 위생상 크게 문제가 되지 않을뿐더러 그것이 예절에 어긋나는 일도 아니다. 그래서 방학 때 한국에 와서도 습관적으로 맨발로 다녔다. 집 앞 슈퍼를 갈 때도, 쓰레기를 버리러 갈 때도, 경비실에 소포를 받으러 갈 때도 무의식적으로 맨발로 나간 것이다!

이뿐만이 아니다. 뉴질랜드에서는 신발을 신고 집 안에 들어가도 문제가 되지 않는다. 그래서 우리나라에서도 나도 모르게 신발을 신은 채 집으로 들어가곤 했다. 당당하게 신발을 신고 거실까지 걸어가다 나를 보며 황당해하는 엄마와 눈이 마주치고 나서야 아차 싶어 다시 현관으로 가 신발을 벗은 적이 한두 번이 아니었다. 어이없어하던 엄마의 표정이 아직도 생생하다.

직접 경험해보지 않은 사람은 이런 사소한 습관을 고치는 게 뭐가 어려운가 의아할 수도 있다. '외국에서 태어난 것도 아니고, 한국에 처음 오는 것도 아닌데 이게 왜 문제가 되지?' 싶을 것이다. 하지만 밖에서 맨발로 돌아다니던 사람이 갑자기 잠깐 나갈 때도 신발을 신어야 한다는 것을, 또 반대로 집에서 신발을 신고 돌아다니던 사람이 신발을 벗고 집에 들어와야 한다는 것을 일일이 기억하기는 의외로 힘들다. 나는 이 습관을 언런하느라 정말 오랜 시간을 들였다.

변호사가 되었을 때도 언런이 필요한 건 마찬가지였다. 학생일 때는 공부하다가 어렵다고 포기해도, 답을 모른다고 머뭇거려도 전혀 문제가 되지 않았다. 학생이라는 신분이 보호막이 되어줬기 때문이다. 언제나 쉽게 교수, 선배들의 도움을 받았다. 하지만 학교를 졸업하고 직장인의 옷을 입은 후에는 이야기가 달라졌다. 나에게 주어진 업무는 내가 책임져야 했기 때문에 어렵다고, 답을 모른다고 포기하는 것에 익숙했던 나의 태도를 바로 언런해야 했다.

•

내가 살면서 가장 크게 도움을 받은 언런은 바로 사람들에 대한 편견과 고정관념을 지우는 일이었다. 누군가로부터 상처를 받았을 때, 싫어하는 사람이 있을 때, 알 수 없는 행동을 하는 사람을 만났을 때 그들을 향한 나의 마음을 언런한다. 이런 시간 덕분에 나는 인간관계로 인해 혼자 속상해하거나 꿍하게 삐쳐 있는 일이 드물다.

상대방의 잘못을 무조건 용서하라는 뜻이 아니다. 넓은 마음으로 그들을 이해하라는 것도 아니다. 모든 사람을 신뢰하고 그들에게 다가가라는 것 역시 아니다. 인간관계에서 언런은 사람들의 행동과 태도를 예측하려는 생각과 그들에 관한 고정관념을 지우는 것이다.

주변 사람에 대한 언런은 흐릿한 눈을 깨끗이 씻어내는 것과 유사하다. 사람들을 향한 자신의 편견을 언런하면 세상을 바라보는 시야가 넓어지고 더 다양한 사람들과 소통하는 방법을 알게 된다.

타인과 잘 지내기 위해서 언런하라는 게 아니다. 나 자신을 위한 일이다. 이 과정을 마치면 '사람들이 나를 싫어하나?' 하는 피해의식과 나를 위축시켰던 생각에서 벗어날 수 있다. 내 머릿속에 심어진 인간에 대한 부정적인 생각들을 전부 제거했기 때문이다.

이렇게 인간관계, 습관 등 다양한 부분에서 언런의 시간을 가진 후 나는 새로운 사람이 되었다. 물론 그 뒤에도 다른 사람에게는 여전히 부족해 보일지도 몰랐다. 그들이 과거의 내 모습을 잊지 못할 수도 있었다. 하지만 그런 것과 상관없이 나만의 속도에 맞게 가장 나에게 적합한 방법으로, 과거의 나를 언런하고 새로운 경험을 하는 과정을 반복했다. 그렇게 나 자신을 특별하게 만들어나가니 실제로 변화가 찾아왔다.

살다 보면 언런이 필요한 경우가 생각보다 많다. 늘 새로운 걸 채워 넣는데도 변하는 게 없다면 무언가 더 배우기보다는 자신의 머릿속과 마음속에 담긴 내용들을 언런해보자. 부정적인 습관도 마찬가지다. 게으른 나, 욕심 많고 질투심 가득한 나, 모든 일에 부정적이고 예민한 나, 짜증과 화로 가득한 나, 불안한 나를 모두 없던 일로 만들 수 있다. 하나씩 지워보자. 한결 가벼워질 것이다.

언런을 하는
세 가지 방법

언런은 어떻게 해야 하는 걸까? 앞에서도 잠깐 설명했지만 언런은 자신의 경험, 편견, 고정관념, 지식 등 당연하다고 생각했던 것들을 지우는 과정을 의미한다. 여기서 지운다는 말은 기억에서 단순히 삭제하라는 뜻이 아니다. 아무리 확신이 들어도, 아무리 내 생각이 확고해도 새로운 자신을 만들어나가기 위해 원래 갖고 있는 것들을 버릴 용기를 내라는 의미다. 오래된 가치관, 지식이 틀릴 가능성을 염두에 두는 것과 나와는 다른 견해를 가진 사람들의 존재를 인지하는 것, 이 두 가지가 언런의 시작이다.

사람마다 언런을 하는 방법은 다르다. 인터넷에 검색해보면 심리 전문가들은 물론 유명 학자들이 다양한 방법을 추천하는데 이 책에서는 내가 직접 터득한 세 가지 언런 방법을 공유하려 한다.

첫 번째는 "아닐 수도 있지", "그럴 수도 있지"라는 말을 자주 써보는 것이다. 나는 내가 예측했던 일이 일어나지 않을 때 혹은 확신했던 것과 다른 결과를 얻을 때 내가 틀렸다는 사실에 화가 나거나 현 상황이 이해가 가지 않아 답답해도 언런을 위해 이 말을 되새긴다. 내가 알고 있는 것을 머리에서 바로 삭제하는 것은 아니다. 다만 내 생각이 정답이 아닐 가능성을 상기하는 것이다. 그러다 보면 자연스럽게 언런에 친숙해지고 고정관념에서 벗어나게 된다.

두 번째는 근거 없는 자신감, 자격지심을 내려놓고 언런의 필요성을 인지하는 것이다. 우리는 신이 아니다. 누구든 틀릴 수 있다. 이때 자존심을 내려놓고 내가 잘못 알고 있었음을 인정해야 한다. 말로는 간단하게 들리지만 이 과정을 실제로 해보면 생각보다 굉장히 힘들다. 무엇보다 스스로 언런이 필요하다는 사실을 깨닫는 게 아니라 다른 사람을 통해서 알게 될 경우에는 민망한 상황에 처할 수도 있다. 그때 '내가 알고 있는 게 틀렸다니'라고 자책하지 않고 '내가 잘못 봤구나. 다시 배우면 되지, 뭐'라고 언런이 필요하다는 사실을 받아들이면 된다.

세 번째는 기존에 알고 있던 것들을 버리고 새로운 정보를 채워 넣는 것이다. 그러려면 오래전 배운 지식이 더 이상 유효하지 않다는 사실을 받아들여야 한다. 빠르게 변화하는 세상을 살아가다 보면 나도 모르는 사이에 머릿속에 새로운 지식과 경험이 쌓인다. 이때 중간중간 자신이 알고 있던 답을 버리면서 새 버전으로 업데이트해야 헷갈리지 않는다. 쉽게 설명하자면 핸드폰이나 노트북을 새로 구입할 때와 비슷한 이치다. 애플의 기기를 사용하다가 안드로이드 기기를 사용하려면 어떻게 해야 할까? 기존에 쓰던 기기의 사용법을 우선 언런해야 한다. 예전에 쓰던 것은 오른쪽에 버튼이 있었는데 왜 새로운 기기에는 왼쪽에 있는지 화를 내며 따지기보다 머릿속에 새겨져 있던 버튼 위치를 지워버리고 새로운 위치를 입력하는 것이 더 효율적인 해결 방법이다.

공부에도 필요한
언런의 법칙

언런의 법칙은 공부에도 해당된다. 몇 년 전 나는 로스쿨에 입학하기 위해 공부를 열심히 했다. 다시는 그렇게 못할 만큼 최선을 다했다. 당시에는 공부가 나의 마지막 희망이었다. 하지만 시험을 볼 때마다 웬일인지 점수가 더 높아지는 게 아니라 떨어지기만 했다.

이런 현상은 나만 겪었던 게 아니다. 미국 변호사 시험 합격률을 보면 처음 시험을 보는 사람보다 여러 번 시험을 보는 사람들의 합격률이 훨씬 낮다고 한다. 같이 로스쿨에 다니는 친구들 사이에서는 시험관들이 시험을 두 번 이상 치는 학생들을 일부러 떨어트리는 게 분명하다는 소문까지 돌 정도였다.

왜 이런 일이 일어나는 걸까? 나는 자신이 가지고 있던 공부 방법과 지식을 지워버리지 않았기 때문에 나타나는 현상이라고 생각한다. 시험 점수가 안 나올 때는 분명 무언가 잘못 공부하고 있다는 뜻이다. 하지만 수험생들은 대부분 이미 머리에 입력한 정보를 전부 지워버리기에는 다시 공부해야 하는 내용이 너무 많고 그럴 시간도 얼마 없기 때문에 겁이 나서 언런을 하지 못한다.

나는 이 사실을 로스쿨에서 깨달았다. 로스쿨에서는 수많은 시험을 본다. 매주 치르는 퀴즈는 물론 중간고사, 기말고사, 변호사 시험Bar exam까지…. 그리고 이 모든 시험의 결과가 굉장히 중요하다. 1학년 성적에 따라 어디에서 인턴을 하고 졸업 후 어디에 취직하게 될지가 정해지기 때문이다.

로스쿨 학생들은 상위권 성적을 유지하지 못하면 심한 불안감에 시달린다. 그래서 성적이 우수한 선배에게 수업 아웃라인outline(판례와 법이 취합되어 있는 노트)을 얻기 위해 많은 공을 들인다. 1학년은 2학년 선배에게, 2학년은 3학년 선배에게 이 노트를 받는다. 3학년이 되면 후배들에게 또 그 아웃라인을 전달한다. 아웃라인만 잘 외우면 웬만해서는 상위권 성적을 유지할 수 있기 때문에 성적이 좋은 선배들의 아웃라인을 비싼 값을 치르고 구매하는 경우도 있었다.

나 또한 어렵게 어느 선배에게 아웃라인을 받아서 그걸 죽도록 외웠다. 1학년이 외워야 할 사건과 법은 다 동일했기 때문에 문제없을 것이라 자신했다. 하지만 나의 예측은 빗나 갔다. 1학년 첫 시험을 완전히 망쳐버렸다.

무엇이 문제였을까? 아웃라인을 보며 생긴 고정관념에 치중하느라 교수의 해석과 새로운 법을 완전히 무시해버린 것이 원인이었다. 온전히 노트에만 공부를 의존했기에 벌어 진 일이었다. 수업에서 얻는 정보들이 아웃라인과 조금이라 도 다르면 바로 차단해버렸던 것이다. 똑같은 아웃라인으로 다른 사람들은 성적을 잘 받았으니 나도 당연히 그럴 것이 라는 거만함도 있었다.

결국 이렇게 첫 시험을 망치고 나는 전략을 바꿨다. 내가 잘못 외웠던 법과 잘못 이해했던 논리를 머리에서 완전히 지 우기로 했다. 내가 알고 있는 것만이 답이라는 고집을 스스 로 꺾어버리고 정보를 다시 업데이트했다. 이로써 새로운 관 점으로 공부하는 방법을 배웠고 성적도 올라 명문 로스쿨로 편입까지 할 수 있게 되었다.

처음 조지아주 변호사 시험에 낙방했을 때도 마찬가지였 다. 분명 내가 알고 있는 지식 중 틀린 부분이 있었다는 것을 깨닫고 언런의 법칙을 따랐다. 물론 내가 어디서 무엇을 잘못 했는지 정확하게 알면 그 부분만 다시 공부해도 되지만 변호 사 시험은 그렇지 않았다. 어느 문제를 틀리고 맞혔는지 알 수 없었다. 그래서 무조건 처음부터 다시 공부했다.

기존에 알던 정보를 지우지 않고 새로운 정보를 계속 입력할 때는 늘 혼란을 겪었다. 기존에 알고 있는 잘못된 정보가 머릿속에서 옳은 정보와 뒤섞여 헷갈렸기 때문이다. 예를 들어 A가 답이 되기 위해서는 B, C, D가 필요하다고 알고 있었는데 사실은 C, E, F가 필요했다고 가정해보자. B, C, D를 지우고 C, E, F를 넣지 않으면 답을 B, C, F 또는 C, D, F로 착각하게 된다.

설령 답을 제대로 기억한다고 해도 언런은 필요하다. 원하는 결과를 얻지 못했다는 것은 나의 공부 습관이 잘못되었다는 뜻이다. 따라서 기존의 공부 방식에서 벗어나 완전히 새로운 방식을 다시 적용해야 한다. 무작정 더 공부하고 문제를 더 많이 푼다고 해결되는 것이 아니다. 언런을 통해 나는 두 번째 시도에서 조지아주 변호사 자격증은 물론 뉴욕주 변호사 자격증까지 취득했다(미국에서는 변호사가 되려면 주에 따라 각각의 변호사 시험에 합격해야 한다).

언런의 법칙을 공부에 적용하는 게 쉽지는 않을 것이다. 중요한 시험을 앞두고 하나라도 더 채워 넣어야 할 시간에 머릿속에 있는 지식을 지워버리는 게 얼마나 불안한 일인지 잘 알고 있다. 여태 투자한 시간들이 허무하게 느껴지고 이번에 공부하는 것이 또 틀린 지식이면 어떡하나 걱정이 될 것이다. 하지만 언런은 곧 런learn의 지름길이다. 절대 시간 낭비가 아니다. 꼬인 실로 바느질을 하는 것보다는 실을 먼저 풀고 바느질을 하는 것이 더 쉽다. 계속 원하는 결과에 도달하지 못하고 있다면 언런의 시간을 가져보자.

> **"** 21세기의 문맹은
> 읽고 쓰지 못하는 사람이 아니다.
> 배우고
> 배운 것을 잊고
> 다시 배울 줄 모르는 사람이다. **"**
>
> _앨빈 토플러 Alvin Toffler

CHAPTER 8

리셋의 두 번째 필요조건,
절제

절제를 통해 만나는
작은 성취감

사람들은 지금 모습에서 벗어나기 위해서는, 즉 리셋을 하기 위해서는 특별한 목표와 계획을 세워 앞으로 나아가야 한다고 생각한다. 차로 비유하면 브레이크를 밟기보다는 액셀을 밟아야지만 새로운 자신을 만날 수 있다고 여긴다.

완전히 틀린 말은 아니다. 하지만 때로는 앞으로 질주하는 것보다 잠깐 멈춰 나쁜 습관을 먼저 고치는 것이 더 큰 발전을 가져오기도 한다. 이렇게 성장에 불필요한 행동을 제거하는 것, 즉 절제가 리셋의 두 번째 필요조건이다.

어릴 때는 굳이 노력하지 않아도 부모님이나 선생님의 보호하에 나쁜 습관을 절제하는 게 쉽다. 일찍 자고 일찍 일어나고, 유해한 텔레비전 프로그램을 보지 않고, 식사 전에는 간식을 먹지 않는 등 규칙적인 생활에 지장을 줄 만한 행동을 할 때마다 잔소리를 듣는다.

하지만 성인이 되면 모든 게 달라진다. 부모님의 간섭이 줄어들고 자유로워지면서 나쁜 습관이 몸에 쉽게 배어버린다. 음주나 흡연을 하거나 몸에 좋지 않은 음식을 즐겨 먹는 등 대부분 어른이 되고 자신도 모르는 사이 안 좋은 버릇을 하나쯤 가지게 되었을 것이다. 이런 행동을 절제하는 것만으로도 큰 변화가 시작된다.

여기서 나는 '부분적 절제'와 '완전한 절제'라는 개념을 만들어 나의 일상에 적용했다. 부분적 절제는 어느 특정한 행동을 자제하는 것이다. 딱히 삶에 지장을 주는 것은 아니지만 스스로 만족스럽게 여기지 않는 행동을 부분적으로 제어함으로써 자신에 대한 만족도를 상승시키는 것이다. 완전한 절제는 한 가지 목표에 도달할 때까지 최후의 수단으로 모든 일을 완전히 차단하는 것을 의미한다.

절제는 목표를 달성하는 지름길이다. 인내심을 길러주고 내가 현재 주목해야 할 목적지가 어디인지 초점을 잡아준다. 물론 쉬운 일은 아니다. 하지만 무언가를 새로 시작하는 것보다 무언가를 멈추는 것이 변화를 불러오기도 한다. 새로운 목표와 꿈에 도전하기 전에 자신의 생활 습관을 돌아보고 나의 가치관과 상충되는 행동을 절제해보자. 그러다 보면 점점 리셋되는 나를 발견할 수 있을 것이다.

STEP 1.
목표와 상충하는 행동 절제하기

A는 내일 아침 일찍 일어나서 운동을 하고 영어 공부 관련 책을 좀 읽다가 출근하기로 마음먹었다. 이를 위해 잘 준비를 마치고 침대에 누웠다. 잠들기 전 잠시 쉰다는 생각으로 핸드폰을 들었다. 오늘은 누가 무슨 소식을 업데이트했는지 카카오톡 프로필부터 인스타그램 포스팅까지 모든 것을 샅샅이 훑어본다. 10분, 20분, 30분… SNS를 하다 보니 벌써 밤 11시가 넘어버렸다. 내일 계획을 위해 일부러 일찍 침대에 누웠는데 결국 오늘도 늦게 잠들 것 같다. 바로 핸드폰을 내려놓았지만 방금 봤던 웃긴 사진 때문에 잠은 다 깨버렸다.

B는 한 달간 아침 일찍 일어나서 출근 전에 따뜻한 커피 한 잔을 마시고 최근 구입한 책 세 권을 읽겠다는 목표를 세웠다. 그런데 이상하게도 이번 달에는 회식이 많았고 생일 파티는 물론 고민이 있는 친구와의 술자리도 잦았다. 목표를 달성하기 위해 힘들게 새벽에 일어나긴 했지만 오히려 잠이 부

족해 건강은 악화되었다.

A와 B의 행동을 살펴보자. 그들의 목표와 상충하는 행위는 무엇일까? 바로 전날 밤 일찍 잠을 청하지 않은 것이다. 물론 저녁에 일찍 취침하지 않는 행동 자체가 잘못된 것은 아니다. 하지만 아침 일찍 기상하겠다는 목표를 가지고 있는 사람이 일찍 취침하지 않는 것은 분명 자신의 목표에 어긋나는 행동이다.

이 두 사람에게 현재 필요한 것은 아침 일찍 기상하는 것이 아니라 늦게까지 핸드폰을 보고 술을 마시는 행위를 절제하는 것이다. 여기서 부분적 절제를 적용할지, 완전한 절제를 적용할지는 목표의 성격과 중요도에 따라 달라진다.

부분적 절제를 적용한다면, A는 저녁에 핸드폰을 20분 이내로 사용하기로 정하면 되고 B는 일주일에 한 번만 늦게까지 술을 마시기로 음주 횟수를 줄이면 된다. 완전한 절제를 적용한다면 A와 B가 아침 일찍 기상해서 목표한 루틴을 갖는 것에 익숙해질 때까지 각각 SNS 애플리케이션을 삭제하고 저녁 약속을 전부 끊으면 된다. 단, A와 B의 목표는 부분적 절제만으로도 충분히 달성할 수 있을 것이다.

또 하나 예를 들어보자. C는 이번 달 중요한 시험에 꼭 합격하기로 마음먹었다. 이번이 벌써 세 번째 도전이다. 마음을 다잡고 공부를 열심히 하기 위해 독서실로 향했다. 이제 정말 앉아서 공부만 하면 된다.

그런데 독서실에 도착한 지 20분도 채 지나지 않아 카페에서 함께 공부하자는 친구들의 연락을 받았다. 처음에는 무시하려고 했지만 같이 공부하면 모르는 것을 서로 물어보며 도와줄 수 있지 않느냐는 유혹에 넘어갔다. 결국 C는 친구들과 모이면 공부보다 수다 떠는 시간이 더 많을 걸 알면서도 거절하지 못하고 카페로 향했다.

친구와의 만남 자체는 분명 문제가 되지 않는다. 어떻게 사람이 공부만 하고 살겠는가? 하지만 C는 공부보다 친구와의 만남을 더 우선순위에 두었다. 이는 분명 목표와 상충되는 행동이다. 친구와 함께 있으면 제대로 공부를 하지 못한다는 사실을 알면서도 카페로 향한 것은 물론 심지어 이미 독서실에 도착했음에도 불구하고 친구의 연락을 무시하지 않았다. 즉, C가 시험에 합격하려면 공부도 중요하지만 친구와의 연락을 차단하는 것이 우선 과제가 되어야 한다. 이럴 때는 완전한 절제가 필요해 보인다.

만약 A, B, C의 상황이 당신의 현재 모습과 비슷하다면 무언가를 시작하기 전에 먼저 목표를 방해하는 행동을 절제하는 게 더 효과적이다. 무엇을 절제할지 모르겠다면 우선 지금 내가 이루고자 하는 목표와 상충하는 행동이 무엇인지 찾아보자. 새벽 기상을 하고 싶다면 몇 시에 일어나서 뭘 할지를 정하는 게 아니라 그 시간에 일어나기 위해 언제 잠들지를 먼저 정해야 한다. 건강해지고 싶다면 운동을 더 하고 영양제를 찾아 먹을 게 아니라 우선 몸에 해로운 것을 끊어야 한다. 돈을 모으고 싶다면 투잡을 할 게 아니라 일단 지출을 줄여야 한다. 그리고 이 과정에 부분적 절제를 적용할지 완전한 절제를 적용할지 결정하면 된다.

나 역시 새로운 목표를 세우면 나의 약점을 알아보고 나를 가장 흔들리게 하는 요소에서 멀어지는 것부터 시작한다. 보통 나의 가장 큰 약점은 친구들이었다.

나는 친구를 만나는 것을 좋아한다. 그러다 보니 중요한 목표를 세우면 아쉽지만 친구들과의 소통을 절제한다. 로스쿨 진학을 준비할 때도, 변호사 시험을 준비할 때도 친구들과의 문자 메시지는 물론 모든 SNS를 중단했다. 공부를 하다가도 친구에게 연락이 오거나 SNS 알람이 울리면 바로 확인하고 마는 스스로를 너무 잘 알았다. 이런 나에게 친구들과 소통할 수 있는 모든 장치는 방해물이었다. 나의 꿈을 이루기 위해서 주변 사람들과의 관계를 완전히 절제했다.

처음에는 부분적 절제를 적용했다. 하지만 가끔 친구들을 만나는 것이 오히려 나를 더 힘들게 했다. 친구들을 만날 때마다 내가 점점 뒤처지고 있다는 초조함에 그리고 항상 함께 하지 못한다는 아쉬움에 집중력이 더 흐트러졌다.

그래서 중요한 시험을 앞두고는 완전한 절제를 적용했다. "유진아, 요즘 왜 연락이 없어?"라는 문자 메시지를 받으면 "요즘 시험 기간이야! 끝나면 제대로 놀자!"라고 답했다. 시험이 끝날 때까지 친구들과의 만남을 완전히 끊은 것이다.

다이어트를 한 적이 있다. 앉아서 일과 공부만 하느라 10킬로그램 이상 살이 찐 탓에 건강이 완전히 망가져버렸다. 여기서 나의 다이어트와 상충하는 것은 야식이었다. 늦게까지 일하고 집에 와서는 또 공부를 해야 해서 대충 저녁을 먹었고 그러다 보니 항상 9시가 넘으면 배가 고파졌다. 건강을 관리해보겠다고 아무리 매일 운동을 해도 야식을 먹고 바로 자는 행위는 목표를 방해할 수밖에 없었다.

그래서 일단 아무리 배가 고파도 밤늦게 야식을 먹는 것을 멈췄다. 물론 운동량을 늘리고 근육을 채우는 것도 중요했겠지만 일과 공부를 동시에 해야 했던 나에게는 야식을 절제하는 것이 더 효율적인 방법이었다. 이때는 부분적 절제를 적용했다. 월요일에서 금요일까지는 식단을 조절하되 주말에는 먹고 싶은 것을 마음껏 먹었다.

자기계발을 하거나 새로운 취미에 도전할 때는 부분적 절제만으로도 변화를 느낄 수 있다. 하지만 시험처럼 기한이 정해진 목표의 경우 완전한 절제를 통해 준비 과정에 최대한 집중할 수 있는 환경을 만드는 것이 더 효과적이다.

·

우리는 왜 매번 목표를 달성하는 데 실패하는 걸까? 왜 새로운 도전을 망설이게 될까? 그리고 왜 실패하는 자신을 한심하게 생각하고 자괴감에 빠지는 걸까? 그 이유는 우리가 실제로 그 목표를 달성하지 못할 정도로 무능하기 때문이 아니라 무엇이 문제인지 알면서도 스스로와 타협하는 데 익숙해졌기 때문이다.

우리가 목표를 향해 나아가는 것을 방해하는 걸림돌이 무엇인지는 사실 스스로가 제일 잘 알고 있다. 현실을 직시하고 나를 자꾸 과거로 돌아가게 만드는 행동을 먼저 제거해보자. 절제는 습관을 되돌아보게 도울 뿐만 아니라 집중력과 추진력을 상승시켜준다.

꿈을 이루기 위해 무조건 질주하는 게 방법이라고 생각한 다면 큰 오산이다. 무거운 족쇄를 차고 무작정 달린다면 오히려 금세 지쳐 목표를 포기하고 말 것이다. 무언가 더 하기 전에 (혹은 하려는 동시에) 자신의 목표와 상충하는 행동이 있는지 살펴보고 절제해보자. 우선 내 발목을 잡는 것에서 벗어나야 더 빨리 나아갈 수 있다.

STEP 2.
불만족스러운 행동 절제하기

최근 나는 SNS에 질문을 하나 올렸다.

"당신의 불만족스러운 점은 무엇인가요?"

정확히 답을 몇 개 받았는지는 모르지만 몇백 개쯤 되는 응답을 모두 읽어봤다. 대부분의 답은 이랬다.

"걱정이 많은 거요."

"조금 안 되면 포기하고 도망치는 습관이요."

"술주정 부리는 거요."

"한 번 더 생각하지 않고 화내는 거요."

"친구들과 저를 비교하는 점이요."

이외에도 매번 약속에 늦고 해야 하는 일을 자꾸 미룬다거나 정리 정돈을 못하고 쓰레기만 잔뜩 모아둔다거나 무엇이든 항상 너무 급하게 하다 보니 자주 실수한다 등 다양한 답변이 나왔다.

누구에게나 스스로 탐탁지 않게 여기는 부분은 있다. 더 나은 사람이 되고자 할 때 대부분은 이런 행동을 절제하는 것보다는 새로운 목표를 설정하고 그것을 달성하는 데 더 큰 의미를 둔다. 하지만 자신의 문제를 명확하게 알고 있는 사람들은 새로운 목표를 이루는 것보다 불만족스러운 면을 절제하는 것에서 더 큰 만족감을 느낄 수 있다.

나 역시 불만족스러운 나의 행동을 돌아보는 시간을 자주 갖는다. 예컨대 추진력이 좋다고 볼 수도 있겠지만 무리하게 모든 일을 빨리 처리하려다 보니 실수하는 경우가 있다. 그래서 나는 일할 때 항상 나에게 "천천히, 차분히 하자!"라고 이야기한다. 성격이 급하다는 단점을 절제하는 것이다. 그러고 나면 평소보다 더 꼼꼼하게, 차분하게 일을 처리해나간다.

사실 이런 불만족스러운 점이 삶에 큰 지장을 주는 것은 아니다. 지금처럼 산다고 뭐라고 하는 사람이 있는 것도 아니고, 큰 목표를 달성하는 데 딱히 방해가 되지도 않는다. 하지만 스스로 문제라고 느끼는 면을 절제하는 것은 정신적으로 큰 만족을 안겨준다. 절제에 성공하고 나아지는 자신의 모습을 체감하면서 자긍심과 성취감이 높아지고 나와의 약속을 계속 지켜나가겠다는 생각이 들어 하루하루를 대하는 태도가 달라진다. 그 과정에서 느끼는 즐거움과 행복은 덤이다.

자신에게 어떤 나쁜 습관이 있는지 떠올려보자. 그리고 그 습관을 절제하는 연습을 해보자. 자기도 모르게 같은 행동을 반복하고 '아차!' 싶을 때도 있겠지만 실수를 인지하는 것만으로도 변화는 시작된다.

나쁜 습관을 바로 고치기는 힘들 것이다. 그래도 계속 깨닫고 절제하는 과정을 반복하다 보면 스스로에 대한 믿음이 강해진다. 그리고 나도 모르는 사이 그 믿음을 원동력 삼아 불만족스러운 내 모습에서 조금씩 멀어지고 있다는 사실을 발견할 것이다.

STEP 3.
시간 낭비 절제하기

기상, 출근 준비, 출근, 점심시간, 퇴근, 휴식. 평범한 직장인의 일과다. 딱 봐도 자유 시간은 없어 보인다. 하지만 같은 직장인인데 누군가는 일상에 치이면서 겨우 하루를 버티고 누군가는 다양한 취미 생활을 즐기고 자기계발까지 하고 있다. 도대체 왜 같은 24시간이 주어져도 사람마다 전혀 다른 하루를 보내게 되는 걸까?

혹시 무언가 해보고 싶은 일이 있는데 시간이 없다는 핑계로 엄두도 내지 못하고 있지 않은가? 나를 위한 일을 하려면 일상에 큰 변화를 줘야 하고 가족들의 희생을 감내하는 것은 물론 지금 하고 있는 일을 포기해야 한다는 생각 때문에 망설이는 사람들이 많다.

하지만 현실은 그렇지 않다. 정말 1초도 시간을 낼 수 없을 정도로 바쁜 사람들도 분명 있겠지만 대부분은 자신에게 시간이 있다는 사실을 인지하지 못하는 경우가 더 많다. 여태 어떤 일을 새롭게 시도할 여유가 없었다면 하루 중 언제 시간을 낭비하는지 생각해보자. 그리고 절제를 통해 여유 시간을 확보해보자. 이것만으로도 하루 24시간을 알뜰하게 사용할 수 있다.

·

D는 퇴근 후 잠들기 전까지 세 시간 정도 텔레비전을 시청한다. 이 행동이 딱히 큰 문제가 되는 것은 아니지만 새로

운 도전을 하고 싶다면 텔레비전 시청을 절제하는 것만으로도 일주일에 21시간을 확보할 수 있다.

이 시간을 운동, 자격증 공부, 부업 등에 적당히 분배한다면 하루를 더욱 알차게 사용할 수 있다. 일주일에 하루 정도는 평소처럼 텔레비전을 봐도 매주 18시간을 확보할 수 있다. 따로 시간을 내지 않고 지금까지 해온 행동을 자제하는 것만으로 여유가 생겼다.

E는 매일 아침 완벽하게 화장하는 데 30분을 투자한다. 머리를 정돈하고 옷을 입는 시간까지 합하면 한 번 외출할 때 한 시간 이상 걸리곤 한다. 이것 때문에 E는 아침 일찍 일어나도 늘 빠듯하게 회사에 간다.

여기서 E가 절제해야 하는 행동은 무엇일까? 3단계로 하던 화장을 1단계로 줄이면 될까? 아니다. 옷 고르기, 화장대 앞에 멍하니 앉아 있기, 무슨 립스틱을 바를지 고민하기 등 평소 무의식적으로 시간을 낭비하게 만드는 불필요한 행동을 절제해야 한다. 그러면 조금 더 여유로운 아침을 보낼 수 있다. 핵심은 어떤 행동을 하는 데 소요되는 물리적인 시간을 단축시키는 게 아니라 그 과정에서 시간을 낭비하게 만드는 무의미한 행동을 절제하는 것이다.

사람들은 내가 단순히 새벽에 일찍 기상하기 때문에 다

른 사람들보다 시간이 더 많을 거라고 착각한다. 물론 새벽 기상이 나만의 시간을 가지는 데 도움이 되는 점도 분명 있기는 하지만, 새벽에 일어나지 않는 날에도 나는 시간을 낭비하는 행동을 절제하는 방법으로 충분한 여유 시간을 확보하고 있다.

예컨대 평소 일찍 일어났을 때 이동 시간에 유튜브를 시청했다면 오늘은 늦잠을 잤으니 유튜브 시청을 자제하고 그 시간에 일을 한다. 늦게 일어난 날에는 그날 입을 옷을 고르는 데 큰 신경을 쓰지 않는다. 새벽의 여유 시간이 사라진 만큼 오늘 할 일에 더 집중하고 중요하지 않은 일은 절제해서 불필요한 곳에 시간을 쏟지 않는다.

·

시간을 낭비하는 행동을 절제하는 최고의 방법은 우선순위를 다시 설정하는 것이다. 그리고 이를 위해 부분적 절제가 필요할지 아니면 완전한 절제가 필요할지 생각해보면 된다. 지금 중요하지 않은 업무에 지나치게 시간을 투자하고 있지는 않은가? 이미 목표에 도달했는데도 같은 일을 계속하고 있지는 않은가? 새로운 도전을 위해 잠시 보류하거나 중단해도 되는 일과가 있다면 그 시간들을 조금씩 모아 자신의 미래에 투자해보자.

내가 현재 업무 시간을 제외하고 제일 많이 시간을 투자하는 행동은 영상 편집이다. 이 시간은 스트레스를 해소하기 위한 취미 시간이기도 하지만 유튜버로 활동하려면 당연히 필요한 시간이기도 하다. 하지만 책을 집필할 때는 편집 시간을 단축하고 영상 업로드 횟수를 줄인다. 부분적 절제를 적용하는 것이다. 평소 주 3회 편집을 했다면 주 1회로 제한하고 그 시간에 원고를 쓴다. 회사에서 일이 많아 바쁠 때는 편집과 집필을 모두 절제한다. 이렇게 내가 하고 있는 일들의 우선순위를 살펴보고 가장 중요한 일을 하기 위해 지금 하고 있는 덜 중요한 일을 절제하는 방식을 이용하면 무리하지 않아도 목표를 달성할 수 있다.

나는 살면서 동시에 많은 일을 하려고 노력해왔다. 로스쿨에 다닐 때는 수업을 들으면서 파트타임으로 일했고 학교에서 운영하는 협상 팀negotiation team과 모의재판 팀mock trial team에까지 속해 있었다. 지금은 대기업에서 사내 변호사로 일하면서 유튜버와 작가로도 활동하고 각종 취미와 자기계발을 즐기고 있다.

이런 나를 보고 주변 사람들은 항상 왜 이렇게 하는 게 많냐고, 너무 무리하는 것 아니냐고 우려했다. 하지만 이 모든 일을 억지로 한 적도, 대단한 목표를 이루기 위해 일부러 한 적도 없었다. 텔레비전 프로그램에 흥미가 없어서, 누워서 멍하니 있는 시간이 즐겁지 않아서, 핸드폰만 보고 있는 시간이 아까워서 자연스럽게 갖게 된 일상이었다. 그때그때 내가 해야 할 일의 우선순위를 정하고 그 리스트에 없는 일은 잠시 잊었다. 즉, 굳이 따로 시간을 내려고 노력하지 않아도 시간 낭비를 절제하는 것만으로 무엇이든 다 할 수 있다는 것을 몸소 증명한 셈이다.

시간이 없다고 핑계를 대면서 해야 할 일을 미루는 것은 그 일이 사실 전혀 중요하지 않다는 말을 조금 더 듣기 좋게 표현하는 것일 뿐이다. 그러니 시간이 없다는 변명은 그만두자. 분명 어딘가 새어나가는 시간이 있을 것이다.

66 자기 자신을 자제할 줄 아는 사람은

즐거움을 찾아내는 것만큼 쉽게

슬픔을 이겨낼 수 있다. 99

_오스카 와일드 Oscar Wilde

PART **3**

나만의 시간을
제대로 활용하는
두 번째 방법,
발전

CHAPTER 9

발전의
진정한 의미

나를
업그레이드한다는 것

리셋을 통해 만족스럽지 않았던 자신의 모습을 전부 지우고 하얀 도화지가 되었다면 이제 그 도화지에 본격적으로 그림을 그릴 차례다. 이 과정을 나는 '나를 업그레이드한다'고 표현한다.

사람들은 새로운 일에 도전하길 즐기는 나에게 너무 정신없이 바쁘게 산다고 이야기한다. 하지만 잘 따져보면 내가 다른 사람들보다 깨어 있는 시간이 더 많거나 모든 일에 에너지를 소비하는 것은 아니다. 외부로 휘발시키는 에너지를 나의 내면으로 수렴하게 만들 뿐이다.

자신을 업그레이드한다는 것은 단순히 기술을 익히고 지식을 쌓는 것이 아니다. 더 큰 부와 더 높은 사회적 위치를 얻기 위해 시간을 투자하는 일도 아니다. 원대한 목표를 달

성하는 것이 아닌 어제보다 더 나은 내가 되기 위해 나만의
속도에 맞게 성장하는 것을 뜻한다. 완전히 다르게 변신하는
게 아니라 또 다른 자신을 발견하는 것이 진정한 의미의 업
그레이드다.

결과에 너무 연연하지 말고 상상만 해도 즐거운 일을 창
의적인 방법으로 직접 실천해보자. 비우고 채우고 배우고 강
해지는 과정을 반복해보자. 나만의 정체성을 찾고 스스로 중
요하게 생각하는 가치에 따라 삶을 재정비하면 자신을 더욱
멋지게 그려나갈 수 있을 것이다.

지금 중요한 일이
무엇인가?

본격적으로 업그레이드, 즉 발전에 관해 살펴보기 전에
반드시 선행해야 할 일이 있다. 바로 무엇이 중요한지를 알아
내는 것이다. 현재 나에게 필요한 것은 휴식인데 또 다른 나
를 발견하려고 무리하게 취미를 새롭게 시작한다거나 환경의
변화가 필요한데 멈춰 선 시간을 늘린다면 발전해나가고 있
다고 말할 수 없다.

왜 우리는 중요한 일에 시간을 투자하지 않는 걸까? 건강이 중요한 것은 누구나 알지만 실제로 운동을 하거나 음식에 신경을 쓰는 사람은 많지 않다. 가족이 중요하다고 하지만 그들과 시간을 보내지 않는다. 중요한 시험을 앞두고도 공부를 하지 않는다. 자신은 뒷전에 두고 다른 사람을 먼저 배려한다. 우선순위에 사용하는 시간이 적어지니 성취감이 높아지지 않아 삶의 만족도도 낮아진다. 심지어 소중한 걸 완전히 잃을 때까지 자신을 가만히 내버려두는 경우도 있다.

무엇을 중요하게 여기는지는 개인마다 다르다. 어떤 일의 중요성을 깨닫는 시기도 각자 다르다. 살다 보면 중요하게 여기는 것이 바뀌기도 한다.

대학생 시절 나는 우정이 삶에서 제일 중요하다고 생각했다. 성적은 안중에도 없었고 그저 친구들과 함께하는 것이 즐거웠다. 그래서 친구들과 만나는 데 시간을 많이 쏟았고 그것이 나의 우선순위가 되었다.

로스쿨에 가서 우선순위는 완전히 바뀌었다. 친구보다는 공부가 제일 중요했다. 눈을 떠서 잠에 드는 순간까지 공부만 했다. 나의 성적과 시험 합격 여부 그리고 어디에 취업하느냐가 나의 행복을 좌우했다. 변호사 시험을 앞두고도 마찬가지였다. 건강이 나빠지더라도 합격하는 것이 제일 중요하다고 생각했기 때문에 운동보다는 공부에 더 비중을 두었다. 물론 건강은 말할 수 없을 만큼 나빠졌지만 공부가 최우선순위였기 때문에 운동에 시간을 쏟는 게 아까웠다.

처음 변호사가 되고 법원에서 근무할 당시에는 일이 가장 중요했다. 머릿속은 온종일 내가 맡고 있는 사건으로 가득했다. 퇴근 후에도 사건을 검토하고 파악하느라 여념이 없었다. 오랜 시간 시험을 준비해와서 그런지 일에 대한 열망이 유독 강했다. 빨리 일을 배우고 나의 전문성을 살려 유능한 변호사가 되는 것이 내 인생의 우선순위였다.

한국으로 돌아와 평범한 직장 생활을 하면서 우선순위는 또 바뀌었다. 처음에는 직장인으로 살아가면서 꾸려야 하는 미래, 업무, 직급, 수입 등을 우선으로 여겼다. 지금은 건강, 가족들과 보내는 시간을 가장 중요하게 생각한다. 그래서 나는 집중이 가장 잘되는 출근 전 새벽에 나만의 시간을 즐기고 점심시간에는 운동을 하고 퇴근 후 일찍 집에 돌아와서 가족들과 함께하는 것에 큰 비중을 둔다.

이렇게 살아가면서 우리가 중요하게 여겨야 하는 것은 계속 변화한다. 그렇기 때문에 늘 내가 소중하게 생각하는 것이 무엇인지를 파악하고 우선순위를 재정비해야 더욱 발전할 수 있다. 정말 중요한 일이 무엇인지 기억하고 그 일을 하겠다고 확실히 마음먹지 않으면 아무리 머리로는 그 일을 해야 한다고 알고 있어도 실제로는 실천하지 않게 된다.

•

새벽 4시 30분에 기상하는 나를 보며 사람들은 새벽에 일찍 일어나는 게 어떤 이득을 가져다주는지 의문을 품는다. 그 시간에 조금이라도 더 자는 것이 그들에게는 중요한 일이겠지만 나에게는 그보다 더 중요한 게 있다. 물론 조금이라도 더 자는 것이 중요할 때도 있지만 지금은 출근 전 나만의 시간을 보내는 것이 절실하다.

동료들과 함께 점심을 먹지 않고 운동을 하는 것이나 퇴근 후에 가족들과 시간을 보내는 것도 마찬가지다. 인간관계를 중요하게 생각하는 사람들은 점심시간과 저녁에 회사 동료나 친구와 어울리는 걸 더 우선순위로 삼겠지만 건강과 가족을 중요하게 생각하는 나는 나만의 방식으로 그 시간을 보낸다. 그리고 이 과정에서 즐거움을 느낀다. 내가 중요하다고 생각하는 것에 시간을 투자했기 때문에 성취감도 더 강하게 맛볼 수 있다.

무엇이 중요한지는 본인만 결정할 수 있다. 어떤 게 더 가치 있다고 이야기하는 게 아니다. 다만 내가 현재 중요하게 여기는 것이 무엇인지를 알고 그에 맞는 우선순위를 설정해야 자신을 업그레이드할 수 있다. 나아가 그 과정에서 흔들리지 않고 똑바로 중심을 잡을 수 있다. 예컨대 회사에서의 승진이 중요하다면 좋은 평가를 받기 위해 상사의 말을 따르고 성과를 내는 것이 합리적일 것이다. 반면 개인적인 발전이 중요하다면 일에 쏟는 에너지를 최소화하고 회사 밖에서의 성취를 추구하는 것이 더 만족스러운 결과를 안겨줄 것이다.

지금 당신이 해야 할 일은 무엇인가? 정답은 없다. 내가 정한 것이 답이다. 본격적으로 업그레이드를 시작하기에 앞서 내가 현재 인생에서 중요하게 생각하는 가치는 무엇인지 나열해보자. 그리고 남들이 그 대답을 욕하거나 비웃더라도 꿋꿋이 발전해나갈 용기를 가지자.

66 창의적인 사람이 되려면 두 가지가 필요하다.

첫 번째는 혼자 남겨지는 두려움을 극복하는 것이고

두 번째는 고독을 건설적으로 사용할 줄 아는 것이다. 99

_롤로 메이 Rollo May

CHAPTER 10

나의 가능성을
찾아보는 방법

의욕을 만들어주는
조사의 힘

햇살은 뜨겁고 바람은 시원한 어느 주말, 아침 일찍 운동을 다녀온 뒤 새롭게 할 일이 없을까 핸드폰으로 검색을 시작한다.

"영어, 아직 늦지 않았어요! 수강료 50퍼센트 할인!"

"이 방법 하나로 한 달에 8킬로그램을 뺄 수 있어요! 지금 클릭하세요!"

"취미부터 창업, 재테크까지 내 방에서 편하게 시작해보세요!"

인터넷 창만 켰을 뿐인데 벌써 광고가 세 개나 보인다. 무언가 배워볼까, 일상에 변화를 줘볼까 싶어도 막상 무엇을 시작해야 할지 막막하다. 광고를 클릭했지만 과연 이걸 정말 할 수 있을지 확신이 서지 않고 걱정부터 앞선다.

'자격증을 한번 따볼까?'

잠시 상상을 해봤지만 시험은 어떻게 신청하는지, 어떠한 절차가 필요한지, 그 자격증이 정말 쓸모가 있을지 몰라 망설여진다. 혹시 좀 더 쉬운 방법이 없을까 싶어 답을 알고 있을 법한 사람에게 이메일 혹은 문자 메시지를 하나 보낸다. 하지만 상세한 답변을 받지 못해 결심도 흐지부지해진다.

•

발전의 첫 단계는 조사다. 그렇다면 조사는 어떻게 해야 할까? 아마 경험자에게 물어보는 방법을 가장 먼저 떠올렸을지도 모르겠다. 나에게도 "변호사가 되려면 어떻게 해야 하나요?", "유튜버 되려면 어떻게 해야 해?", "나도 책을 한 번 출간해볼까 하는데 어떻게 해야 해?" 하고 물어보는 사람들이 종종 있다.

물론 어떤 일을 먼저 해본 사람에게 물어보면 쉽고 빠르게 정보를 얻을 수 있다. 하지만 시간을 내 직접 자료를 조사해보지 않으면 누군가에게 질문을 던지는 것만으로는 큰 도움을 받기 어렵다. 인터넷에 검색해보면 충분히 알 수 있는 정보를 물어본다고 상대방이 귀찮아할 수도 있고 아무리 경험자라도 전반적인 과정을 일일이 설명해주는 데는 한계가 있기 때문이다. 지인 찬스를 사용하더라도 먼저 기본적인 정보를 조사해보고 범위를 좁혀 모르는 부분을 구체적으로 물어보는 것이 더 효과적이다.

하고 싶은 일이 생겼을 때는 혼자서 정보를 알아보는 게 좋다. 나의 질문을 듣는 상대방도 사실은 무엇이 답인지 잘 모른다. 우리가 가고자 하는 길을 그 사람은 지나오지 않았을 수도 있고, 시간이 흘러 그 사람이 알고 있던 정보가 틀려졌을 수도 있다.

하지만 무엇보다도 혼자 조사하는 것을 추천하는 이유는 따로 있다. 누군가 자기도 잘 모르는 일에 대해 물어보면 대부분은 솔직하게 모른다고 답해주기보다 '그건 불가능하다' 혹은 '어렵다'라며 결론만 이야기한다. 나 역시 그런 말을 직접 들어봤다. 남이 해주는 말만 듣고 따로 알아보지 않으면 시도도 못해보고 포기하게 된다. 반면 일단 어떻게 하면 좋을지 혼자 조사해보면 예상했던 바와 다르게 그 일이 훨씬 할 만하다는 것을 깨닫는 경우가 많다.

또한 새로운 목표에 대해 조사하다 보면 실행을 하는 데 있어 문제가 되는 것이 무엇인지, 그걸 극복하려면 어떻게 해야 하는지 자연스럽게 답을 얻을 수 있다. 만약 찾아보니 실행이 불가능하게 느껴지는 경우에도 목표를 달성할 수 있도록 계획을 재정비할 기회를 얻을 수 있다.

나 역시 자기계발을 하고 싶을 때 가장 먼저 혼자 조사를 한다. 옷을 살 때 여러 벌을 입어보고 사는 것처럼 나에게 맞는 일이 무엇인지 다양한 분야를 살펴본다.

의외로 사람들은 자기계발에서 탐색을 중요하게 생각하지 않는다. 하지만 나는 생각이 다르다. 세상에는 자신이 무엇을 할 수 있는지 모르는 사람들이 정말 많다. 그러니 대다수가 무엇을 하고 싶은지도 모르는 게 당연하다. 설사 알고 있다고 해도 어떻게 해야 하는지 몰라 실천을 미루기도 한다.

이런 사람들에게는 조사 그 자체가 발전하는 방법이다. 자신만의 길을 찾고 싶은 사람들에게 조사는 흥미와 관심사를 파악하고 가능성을 찾게 열어줄 뿐만 아니라 미래를 설계하게 해주는 최고의 수단이다. '이런 프로그램이 있었네', '3개월 정도 배워서 조금씩 시작해볼까?' 하고 구체적인 그림을 그릴 수 있게 돕는다.

특히 인터넷은 최고의 조사 도구다. 인터넷 검색에 익숙지 않은 사람들은 온라인에 정보가 너무 많아서 골치 아플 수도 있겠지만 자세히 들여다보면 내가 이루고자 하는 목표에 어떤 과정과 절차가 필요한지 샅샅이 찾아 체계적으로 정리해볼 수 있다. 또한 비슷한 목표를 가진 사람들끼리 소통하는 커뮤니티나 블로그도 찾을 수 있다. 거기에는 내가 묻고 싶은 질문에 대한 답변이 가득하고 같은 목표를 달성할 수 있도록 서로를 응원하는 글도 넘쳐난다.

여기서 한 가지 주의해야 할 점이 있다. 조사를 할 때는 도전의 긍정적인 효과에 초점을 맞춰야 한다는 것이다. 일상을 조금 더 색다르고 재미있게 변화시키기 위해서, 남는 시간에 새롭게 시도해볼 만한 일이 있을지 등 발전의 가능성을 찾기 위해서 조사를 해야지 지금 어떤 일을 시작해서는 안 되는 이유, 내가 실패할 수밖에 없는 이유를 찾으려고 정보를 알아봐서는 안 된다.

또한 시작하기 전에 완벽하게 조건을 갖추려고 조사에 몰두하다 보면 오히려 스스로 부족하다는 생각에 의욕이 꺾일 수 있다. 따라서 해보고 싶은 일을 알아냈으면 첫 번째 스텝으로 넘어가고, 첫 번째 스텝에 성공했으면 그다음 스텝에 도달하기 위해 무엇을 해야 하는지를 찾아보는 식으로 실행과 조사를 반복해야 한다.

발전하려면 반드시 지금 당장 무언가를 해야 한다고 생각할 필요는 없다. 가볍게 조사하는 시간을 가지며 나에게 제일 잘 어울릴 옷을 찾아보자. 그것부터가 이미 시작이다.

스스로 길을 찾는 사람에게
기회가 열린다

2004년 3월, 나는 미국 미시간주립대학교의 합격증을 받았다. 그해 8월 입학을 앞두고 나는 남은 5개월 동안 뭐라도 해볼까 이리저리 찾아봤다. 학교에 대해서도 알아보고 입학 후 내가 수강해야 할 과목과 담당 교수에 대해서도 조사했다. 어떤 동아리가 있는지, 다른 친구들은 수업 외에 어떠한 활동을 하는지도 미리 숙지했다. 드디어 나도 대학생이 된다는 기쁨에 빨리 학교 생활을 시작하고 싶었던 모양이다.

그렇게 조사를 계속하던 중 한 파일에 시선이 사로잡혔다. 〈여름 교환 학생 신청summer credit transfer form〉이라는 제목의 서류였다. 첨부된 설명서를 읽어보니 여름 방학 동안 타국에서 들은 대학교 수업의 학점을 인정해준다고 적혀 있었다. 비록 1학년을 마친 학생들에게만 적용되는 내용이었지만 그냥 놓치기 아까운 좋은 기회였다. 출국하기 전에 한국에서 미리 수업을 들으면 학비를 절약할 수 있었다. 나에게 꼭 필요한 프로그램이었다.

들뜬 마음으로 바로 학교에 연락해 예비 신입생도 프로그램을 신청할 수 있는지 물었다. 그리고 회신을 받았다. 대학교 입학 전에 여름 교환 학생 수업을 듣는 게 일반적이지 않지만 몇 가지 서류를 제출하면 허락해주겠다는 답변이었다. 이렇게 허가를 받아 나는 8월 미시간주립대학교 입학 전에 고려대학교에서 여름 학기를 들었다. 입학해서 들어야 할 수업을 한국에서 미리 수강함으로써 비싼 학비를 절약한 것은 물론 4년제 대학교를 3년 만에 졸업할 수 있었다.

대학교 입학 전에 수업을 미리 들었다는 게 그리 대단해 보이지 않을 수도 있다. 여기서 포인트는 학점을 인정받았다는 사실이 아니라 남는 시간에 무엇을 할 수 있을지 조사해서 진로에 큰 도움을 받았다는 것이다. 모두가 한 가지 길을 걸어간다고 해서 그것이 전부라고 생각할 필요는 없다. 최근에 개정된 규정은 없는지, 나에게 적용될 수 있는 특별 전형은 없는지, 예외 조항이 있는지를 샅샅이 조사해보면 새로운 길이 열린다.

여기서 명심해야 할 것이 있다. 반드시 공식적인 정보와 담당자의 답변만을 신뢰해야 한다. 다른 사람이 비공식적으로 추측하는 정보와 의견에 의존해서는 안 된다. 나중에 알게 된 사실이지만 어느 학생이 나와 같은 방식으로 사전에 수업을 듣고 편입을 시도했다가 오히려 퇴학을 당했다고 한다. 같은 학교에서 같은 수업을 들었지만 사전에 담당자에게 허락을 받지 않았기 때문이었다. 대학 입학 지원서를 허위로 작성했다는 오해가 생겨 오히려 불이익을 당한 것이다. 안타깝게도 당시 수업을 함께 듣던 학생들끼리 주고받은 이야기만 믿고 그렇게 했다고 한다. 요즘은 쉽게 정보를 얻을 수 있는 만큼 거짓 정보도 많기 때문에 사실 관계가 확실한지 꼭 알아봐야 한다.

한편 하고 싶은 일을 열심히 조사해보니 너무 많은 사람들이 먼저 그 일을 하고 있어서 안 되겠다고 생각할 수도 있다. 하지만 레드 오션에 뛰어든다고 꼭 내가 뒤처지는 것은 아니다. 물론 다른 사람들이 하지 않는 색다른 일을 시도한다면 더 특별해질 수 있겠지만 같은 길을 걷더라도 각자만의 스타일에 따라 다른 결과를 얻을 수 있다. 어떤 일이든 특별한 내가 하면 가장 특별한 일이 되는 것이다.

오늘부터 무엇을 할 수 있는지 적극적으로 탐색해보자. 길은 찾는 사람에게 열리는 법이다. 방구석에서 시작한 일이 또 다른 기회를 열어주고 그렇게 더 나은 나를 만들어줄 것이다.

> 진정으로 혼자가 된다는 것은
> 스스로 선택한 일에
> 호사스럽게 몰두하는 것이며
> 이를 통해 다른 사람의 부재가 아닌
> 나의 존재를 충만하게 인지하는 것이다.
> 고독은 곧 성취다.

_앨리스 콜러 Alice Koller

CHAPTER 11

시작은
할 수 있는 것부터

지금 당장
시작해야 하는 이유

우리는 늘 너무 많이 생각한다. '이것을 왜 시작해야 하는 가', '내가 얻고자 하는 것이 무엇인가', '얼마큼 성과를 이룰 수 있을 것인가' 등을 끊임없이 고민한다. 하지만 그 답은 쉽게 얻을 수 없다. 직접 해보기 전까지는 결과가 나오지 않기 때문이다.

조사를 통해 어떤 일을 하고 싶은지 알아낸 뒤 '나도 한번 해볼까?'라는 생각이 머릿속에 스쳤는가? 그렇다면 지금 당장 일어나서 시도해보자. 준비물을 제대로 갖출 필요도 없다. 일단 해보고 장비는 나중에 필요한 시기에 구입하면 된다. 아직 부족하다고 느끼는 부분 역시 천천히 채워나가자. 그러다 보면 다음 단계로 넘어가는 데 필요한 요소들이 저절로 갖춰질 것이다.

예컨대 운동이라는 목표를 세웠다고 가정해보자. 지금 당장 할 수 있는 일은 집에 있는 운동화를 아무거나 신고 밖으로 나가 조깅을 하는 것이다. 조깅을 해보니 발바닥이 아파서 밑창에 에어가 들어 있는 운동화가 필요하다는 것을 알게 되었다. 운동화를 사서 조금 더 달려보니 나에게는 유산소 운동보다 근력 운동이 필요하다는 것을 깨달았다. 그래서 헬스장을 등록했다. 무작정 시작했는데 여러 단계에 걸쳐 발전해나가는 게 보이지 않는가?

반면 처음부터 나에게 맞는 운동이 무엇인지 정보를 찾아보고 그 조건에 맞는 헬스장을 검색해서 등록하고 각종 운동복과 운동 기구를 구입하는 것부터 시작한다면 어떨까? 아마 며칠을 그냥 보내게 될 것이다. 그 사이에 무언가를 해보겠다는 욕구도 사그라들고 말 것이다. 실천하면 알 수 있는 답을 얻지 못한 채 시간과 돈을 낭비한 것이다.

자격증 취득이나 시험공부를 계획할 때도 마찬가지다. 조사를 통해 어떤 시험을 보겠다고 결정했으면 일단 시험 접수부터 하자. 그리고 서점에 가서 가장 쉬운 이론서와 문제집 한 권을 구입하자. 기초 지식이 담긴 책을 읽다 보면 시험에 관한 정보는 물론 공부 방법과 앞으로의 계획이 저절로 떠오를 것이다. 그렇게 부족한 부분을 파악해서 그것을 중심으로 공부하면 된다. 온라인 수업을 수강할 때도 방법은 같다. 수업을 듣는 데 필요한 책이 집으로 배송될 때까지 기다리지 말자. 그냥 교재 없이 바로 강의부터 들어보는 것이다.

나는 새벽에 알람이 울리면 마음속으로 5, 4, 3, 2, 1을 센 뒤 바로 일어난다. 힘들다, 피곤하다는 생각이 들기 전 찰나에 몸을 움직여 더 자고 싶다는 생각을 무기력하게 만드는 것이다. 추진력을 기르기 위해서는 이 방법이 최고다. 지금 당장 할 수 있는 일이 있는가? 해야 할 일이 있는가? 새로운 일을 하고 싶은가? 5초 안에 시작하자. '이따 해봐야지'가 아닌 '우선 해보고 생각해야지'가 정답이다.

너무 깊게 생각하지 말자. 지금 당장 시작한다고 해서 손해 보는 건 없다. 간혹 너무 빨리 가다가 놓치는 것이 생기면 그때 보완하면 된다. 완벽하게 준비해도 어차피 실수는 피할 수 없다.

루틴부터 만들면
결과가 나온다

아무 계획이나 목표가 없을 때 나는 새로운 루틴을 만든다. 때로 색다른 일과를 만들다 보면 예측하지 못한 결과를 얻을 수 있기 때문이다.

몇 년 전 회사의 근무 시간이 조금 바뀌면서 점심시간이 두 시간으로 연장되었다. 갑자기 생긴 자유 시간에 무엇을 할지 고민했다. 떠오르는 게 없었다. 나는 출근 전에 이미 나만의 시간을 갖는다. 퇴근 후에는 운동도 하고 있었다.

더 해야 할 일이 없으니 점심시간이 점점 동료들과 수다를 떨거나 멍하니 앉아 있는 허무한 시간이 되어버렸다. "대리님은 점심시간에 뭐 하실 예정이신가요?", "과장님은 점심시간에 요즘 뭐 하시나요?" 하고 주변 사람들에게 물어봤다. 딱히 솔깃한 정보는 없었다.

나에게 주어진 자유 시간 두 시간. 하루로 치면 두 시간이지만 월요일에서 금요일까지 합치면 일주일에 10시간이나 되었다. 가만히 있으면 안 되겠다 싶어 하루는 빠르게 식사를 마치고 회사 근처에 있는 서점으로 향했다. 앞으로 무엇을 할지 본격적으로 조사를 시작한 것이다. 최근에 출간된 책 제목을 찬찬히 훑어보니 요즘 유행하는 이슈를 한눈에 볼 수 있었다.

서점에 들어가자마자 보인 것은 1000조각 퍼즐이었다. 매일 조금씩 맞추다 보면 금방 끝낼 수 있겠다 싶었다. 그런데 회사에서 퍼즐을 맞춘다는 게 번잡스럽게 느껴졌다. 회의실에서 퍼즐을 맞추는 내 모습을 상상해보니 딱히 신나지도 않았다.

퍼즐 옆으로 자기계발서가 보였다. 무기력해질 때 자기계발서를 읽는 것이 큰 도움이 된다는 사실은 잘 알고 있었지만 내게 필요한 것은 자극이 아닌 새로운 도전이었다. 의지가 없는 게 아니라 무엇을 해야 할지 몰랐을 뿐이었기에 살포시 책을 내려놨다.

다시 서점을 둘러봤다. 유튜브에 올릴 영상을 편집하는 방법을 알려주는 책이 보였다. 당시에는 유튜버가 될 거라고 전혀 생각하지 않았다. 영상 편집을 배워볼 마음도 없었다. 그런데 이런 기술을 다루는 책이 엄청 많은 걸 보니 분명 배워볼 가치가 있는 분야라는 생각이 들었다. 나는 책을 집어 들었다. 그러면서도 '영상을 편집하는 건 분명 방송과 관련된 사람만이 하겠지', '편집을 배우려면 장비도 필요하고 돈도 많이 들 거야' 같은 생각이 들었다.

그런데 막상 책을 읽어보니 모든 게 생각보다 쉽고 간단했다. 영상 편집은 물론 자막, 배경 음악 넣는 방법도 자세히 적혀 있었다. 또 다른 책에서는 영상을 촬영하는 방법과 카메라를 고르는 방법까지 설명해줬다. 방송국에서 사용하는 프로그램(프리미어 프로)을 핸드폰에서 사진을 이어 붙이는 것처럼 쉽게 사용할 수 있다는 사실을 알고 거부감이 사라졌다.

결국 한번 해보자는 생각으로 책을 사서 퇴근길 지하철에서 읽기 시작했다. 하지만 특별한 목표는 없었다. 어쩌면 책만 읽는 것에서 그칠 수도 있었다. 영상 편집을 배운다고 쳐도 내가 그 기술을 어디에 사용하고 어떤 영상을 만들어야 할지 감이 오지 않았다.

그래도 매일 점심시간마다 책을 따라 하며 조금씩 영상을 편집해봤다. 허무하게 시간을 보내지 않으려고 시작한 일이었는데 관심이 커졌다. 나중에는 새벽, 저녁에도 틈틈이 편집 연습을 하게 되었다. 결국 편집은 내 일상의 새로운 루틴이 되었다.

나는 계속해서 다양한 영상을 제작했다. 나중에는 많은 사람들과 소통할 수 있는 나만의 채널도 만들 수 있었다. 특별한 목적 없이 만들어본 루틴이 낳은 결과였다. 여기서 끝이 아니었다. 영상 제작을 하면서 부족한 부분을 찾아서 익히고 또 그 과정을 루틴으로 만들었다.

그러다 보니 나도 모르는 사이 또 책 출간이라는 다른 기회가 만들어졌다. 처음에는 원고를 쓰는 게 어렵고 따분했다. 그럼에도 무조건 루틴화했다. 내가 싫든 좋든 일단 꾸준히 해야 하는 일로 만들면 뭐라도 결과는 나올 거라고 생각했다. 일주일에 두세 번씩 새벽에 글을 썼다. 그렇게 첫 책이 탄생했다. 그 뒤로도 집필을 계속 루틴화했다. 그렇게 나는 지금 두 번째 책인 이 책을 출간하게 되었다.

관심이 있어야만 취미 활동을 할 수 있다고 생각하는 사람들이 많다. 하지만 문외한이었던 분야도 습관적으로 조금씩 하다 보면 관심이 확장된다. 목표가 흐릿하더라도 일단 루틴으로 만들어야 예측하지 못한 기회가 계속 생긴다. 그리고 그렇게 매일 조금씩 발전하다 보면 재미를 느끼고 처음보다 실력도 빠르게 향상될 것이다. 혼자 있을 때, 잠이 오지 않을 때, 심심할 때, 무엇을 해야 할지 몰라 무의미하게 시간을 보내지 말고 당장 일어나서 새로운 루틴을 만들어보자. 상상도 하지 못했던 결과를 얻게 될 것이다.

할 수 있는 일을
만드는 방법

요즘 들어 할 일이 너무 많다. 주말인데 월요일까지 회신하기로 했던 계약서를 검토해야 하고 보고서도 미리 써야 한다. 보고서는 아무리 많이 써봤어도 매번 어렵다. 그런데 저녁에는 두 번째 책 원고도 써야 하고 유튜브에 올릴 영상도 편집해야 하고 최근에 시작한 복싱 레슨도 가야 한다. 아, 저녁 식사 약속까지 잡혀 있다. '아… 이 약속, 꼭 가야 하나?' 하고 은근슬쩍 취소되길 바란다. "오늘 약속 그대로 만나는 거죠? 코로나인데 괜찮을까요?" 하고 누가 봐도 나가기 싫은 티를 내본다.

처음에는 모든 일을 즐거운 마음으로 혼자 시작했다. 그런데 어느 순간 여러 사람이 개입되면서 부담감이 생겼다. 내가 늦으면 일정이 다 밀려 일이 진행되지 않을 것 같았다. 딱히 그러지도 않을 텐데 이놈의 책임감이 점점 벅차게 느껴진다. 오늘따라 또 주변은 왜 이렇게 산만한지, 아침에 분명 이부자리를 정리했는데 언제 흐트러졌는지 짜증이 난다. 결국 침대 정리는 포기하고 엎드려서 잠시 잠을 청했다.

아무리 부지런하고 열정적인 사람도 가끔 모든 게 귀찮고 아무것도 하고 싶지 않을 때가 있다. 과부하가 와서 시동이 완전히 꺼지는 날도 있다. 이럴 때는 어떻게 해야 할까? 물론 그냥 쉬어버리는 것도 괜찮겠지만 더 효과적인 방법이 있다. 내가 해야 하는 일을 할 수 있는 일로 바꿔보는 것이다.

이건 나에게 상당히 효과적인 멘탈 관리법이다. '주말인데 월요일 오전까지 서류를 검토해달라고? 이걸 내가 왜 해줘야 해?'라고 생각이 들면 '주말인데 이 계약서를 내가 월요일까지 검토할 수 있는 건가?'라고 스스로에게 묻는다. 불가능할 것 같으면 그렇다고 솔직하게 말하겠지만 가능할 것 같으면 이 일에 할 수 있는 일이라는 이름을 붙인다. 누구를 위해 강제로 해야 하는 게 아니라 내가 해낼 수 있는 일이라서 한다고 생각하면 모든 일이 쉽게 느껴진다.

운동, 청소, 저녁 약속도 마찬가지다. 할 수 있으니까 조금 더 움직여보는 것이다. 할 수 있기 때문에 다른 사람들을 조금 더 배려해보는 것이고, 할 수 있으니까 조금 더 시간을 투자해보는 것이다. 할 수 있기 때문에 도전해보는 것이다. 이렇게 생각하면 갑자기 의욕이 샘솟는다.

·

이렇게 나는 딱히 하고 싶은 것도, 해야 할 일도 없을 때 지금 당장 할 수 있는 일이 무엇인지 생각해본다. 지금 제일 먼저 할 수 있는 일은 방 청소다. 다 읽고 아무렇게나 놓은 책들을 다시 원위치에 꽂아두고 모아둔 쓰레기를 버리고 가방을 정리하고 구석구석 먼지를 닦는다. 내가 지금 당장 할 수 있는 일이니까 해보는 것이다.

청소를 끝내고 소파에 누워 있는데 그림자가 아른거려 창문을 열었다. 바람결에 흔들리는 나무가 보였다. 날씨가 화창하다고 알려주는 것 같았다. 이렇게 빈둥거리다 온종일 잠만 잘 것 같다는 생각에 모자를 푹 눌러 쓰고 집을 나섰다.

집 근처 공원에 가서 천천히 걸었다. 핸드폰으로 셀카도 찍고 보이는 대로 영상을 촬영했다. 서점에 가서 새로 나온 책을 읽어보고 카페에 가서 맛있는 조각 케이크를 사 먹었다. 혼자만의 시간에 당장 할 수 있는 일을 큰 기대 없이 해본 것이다.

이렇게 한다고 갑자기 특별한 기회가 생기는 것은 아니다. 하지만 이 과정이 쌓이면 나는 특별해진다. 내가 할 수 있는 일을 하는 이 시간에는 모든 게 가능해지기 때문이다. 자신이 할 수 있는 일을 무시하지 말자. 의미 없어 보이고 사소한 일이라도 새로운 출발점이 될 수 있다.

66 내가 나를 위하지 않으면

누가 나를 위해줄 것인가?

그리고 지금 하지 않으면, 언제 하겠는가? 99

_랍비 힐렐 Rabbi Hille

CHAPTER 12

하고 싶은 일은
그냥 해보자

내가 꿈꾸는 사람이
되어보는 시간

나는 어렸을 때부터 인형 놀이보다는 슈퍼맨놀이를 더 좋아했다. 빨강 보자기를 어깨에 두르고 이곳저곳을 뛰어다니며 인형을 구해 안전한 곳으로 옮겼다. 텔레비전 프로그램이나 영화에서 영웅이 악당을 해치우고 인질을 구하는 모습이 멋있어 보여서 나도 그렇게 되고 싶다고 생각한 것이다. 누군가 위험에 처하거나 힘들어할 때 도와줄 수 있는 사람이 되고 싶었다.

이것은 내가 변호사가 된 이유이기도 하다. 누군가 불이익을 받을 때마다, 사람들이 힘들어하는 모습을 볼 때마다 나는 어디서 나오는지 모를 힘이 솟구쳤다. 누군가를 대신해서 문제를 해결하고 싶다는 욕망이 강했다. 조금이라도 그 사람들에게 도움이 된다면 그걸로 행복과 희열을 느꼈다.

지금도 나는 오지랖 넓게 나의 도움이 필요한 사람들을 찾아다닌다. 굳이 먼저 도와달라고 하지 않은 동료들에게도 내가 알고 있는 정보를 공유하고 주변 사람들이 나를 찾으면 슈퍼맨처럼 달려간다. 물론 내가 도와줄 수 없는 상황도 분명 존재하지만 그래도 누군가를 돕는 데 최선을 다하겠다는 마음가짐으로 살아간다.

지난겨울 운전을 하던 중 검정색 패딩을 입고 도로변에 쓰러진 사람을 발견했다. 놀라서 갓길에 빠르게 차를 세우고 119를 불렀다. 수화기 너머의 구급대원은 나에게 쓰러져 있는 사람의 맥박과 호흡을 확인해달라고 요청했다. 하지만 나는 너무 겁에 질려서 근처에 가는 게 무섭다고, 사람이 죽은 것 같다고 이야기하고 말았다. 응급 상황에 대처하는 방법을 몰랐기 때문에 구급차가 오는 시간 동안 아무것도 하지 못했다.

순간 여러 가지 생각이 들었다. 누군가의 소중한 아버지이자 남편일 수 있는 쓰러진 사람, 잘못하다가는 가해자로 오해받을 수 있는 나, "교통사고 났나 봐!"라고 수근거리며 그냥 지나가는 사람들, 혼란스러운 상황에서 어떻게 해야 할지 감이 오지 않았다. 겁이 났다. 내가 할 수 있는 일은 2차 사고가 나지 않도록 안내하는 것이 전부였다. 얼마나 시간이 지났을까, 차가운 바닥에 쓰러져 있던 사람은 곧 119 구조대의 들것에 실려 갔다.

나는 이날을 오랫동안 잊지 못했다. 쓰러진 사람을 보고 놀란 까닭도 있겠지만 나 자신에게 충격을 받았다. 겁을 먹고 가만히 있었던 내 모습이 너무 당황스러웠던 것이다. 이 사건을 계기로 CPR(심폐 소생술) 자격증을 따기로 마음먹었다. 살면서 누군가에게 심폐 소생술을 하는 날이 얼마나 있겠느냐만 사람이 앞에 쓰러져 있는 걸 보면서도 아무것도 못했던 내 모습을 고치고 싶었다.

물론 자격증이 없어도 심폐 소생술을 할 줄 알면 누구든 사람을 살릴 수 있다. 나의 목적도 자격증 취득이 아니었다. 전문가에게 제대로 심폐 소생술을 하는 방법을 배우고 실제 상황과 유사한 분위기에서 제대로 응급조치를 취할 수 있도록 교육을 받는 것이 목적이었다.

사실 나에게는 현실적으로 쓸모없는 공부일 수도 있었다. 교육을 받을 때 교육생들이 돌아가면서 각자 소개를 했는데 나를 제외한 대부분이 의료계 종사자들이었다. 강사가 "이 자격증을 따시는 이유가 뭐예요?"라고 물어볼 만큼 나와는 무관한 자격증이었다. 나 또한 교육을 받으면서 '이걸 언제 써먹을 수 있을까?'라는 생각이 들었다.

여섯 시간의 교육과 실습을 거친 뒤 평소 아무 생각 없이 길을 걷던 나에게 주변을 살피는 습관이 생겼다. 당연히 무슨 일이 일어나길 바란 것은 아니지만 생명을 구하는 데 빠른 대처가 얼마나 중요한지 배웠기 때문에 그 순간을 놓치고 싶지 않았다.

그리고 얼마 후, 점심시간에 동료 변호사와 함께 서점으로 가는 길에 오토바이와 택시가 충돌하는 사고를 목격했다. 평소 같으면 무서워 구경만 했을 테지만 그날은 쿵 하는 소리를 듣자마자 발이 저절로 움직였다. 짧은 순간 배운 대로 사고 현장을 살피고 119에게 도움을 요청했다. 맥박과 호흡을 확인하라는 구급대원의 지시에도 당황하지 않았다.

다행히 오토바이 운전자의 호흡에 문제가 없었기에 심폐소생술은 필요하지 않았다. 사고로 누워 있던 오토바이 운전자에게 119에 신고했으니 괜찮다고 이야기해줬다. 그리고 119가 올 때까지 2차 사고가 나지 않도록 그 자리를 지켰다.

"변호사님, 사고 소리 듣자마자 바로 뛰어가시던데요? 깜짝 놀랐어요."

나도 잘 몰랐던 사실이지만 정리가 끝나고 동료가 이야기해주길 내가 단 1초의 망설임도 없이 사고 현장으로 뛰어갔다고 한다. 정말 뿌듯했다.

물론 이런 상황에 성급하게 개입하면 오히려 문제에 휘말릴 수 있다. 그래서 나는 전문가에게 교육을 받고 자격증을 취득했다. 최악의 사태가 두려워 최상의 선택을 포기하는 것이 나에게는 더 부끄러운 일이었다. 교육을 받고 나서는 그 사실을 회사에 적극적으로 알렸다. "만약 우리 직원 중 심정지가 오거나 쓰러진 사람이 있으면 바로 119를 부르고 저에게 알려주세요!"라고.

나는 이 방법으로 어렸을 때부터 꿈꿔온 슈퍼맨이 되었다. 모두가 알고 있는 슈퍼맨과는 살짝 다를지라도 말이다.

도전의 계기가 생기기를
기다리지 말자

"저도 꿈이 작가였는데 지금은 회사 다니느라 도전할 기회가 없네요."

"저도 변호사가 꿈이었던 적이 있었어요. 그런데 결혼하고 아이 낳고 보니까 시간이 다 흘렀어요."

"저도 보디 프로필 한번 찍어보고 싶어요. 그런데 도대체 운동을 언제 하죠?"

"저는 가수가 꿈이었어요. 요즘 오디션 프로가 대세던데 한번 나가볼까요? 그런데 사실 노래 안 한 지 오래되어서…"

모두 내가 실제로 들어본 이야기다.

사실 우리는 알고 있다. 회사를 다니면서 작가로 활동하는 사람, 결혼하고 아이까지 낳았지만 늦게라도 로스쿨에 진학해서 변호사가 된 사람, 바빠도 열심히 운동해서 보디 프로필 사진을 찍은 사람, 용기 내서 오디션에 참가한 사람은 분명 존재한다는 것을. 그런 일을 해낸 사람들과 그러지 못하는 사람들의 차이점이 무엇일까? 바로 도전을 했느냐 하지 않았느냐다. 물론 실천에 옮기지 못했던 개인적인 이유가 다들 있겠지만 말이다.

우리를 변화시키는 것은 재능이 아니다. 가진 게 없어도 도전하는 사람과 많은 걸 가졌어도 도전하지 않는 사람 사이에는 격차가 벌어질 수밖에 없다. 문제는 우리가 이 사실을 알면서도 쉽게 도전하지 못한다는 것이다. 현실을 박차고 나가 새로운 길을 선택하게 될 극적인 계기, 과거를 참회하고 완전히 다른 사람이 될 만한 감동적인 사건을 기다리고 있기 때문이다. 언젠가는 그 일을 실제로 해내기 위한 영감이 떠오를 거라 기대하며 늘 제자리를 지킨다.

하지만 도전을 하기 위해 반드시 특별한 이유가 필요한 것

은 아니다. 무언가를 새롭게 시도하는 최고의 계기는 바로
'그냥'이다.

나는 특별한 이유가 없어도 또 다른 나를 찾기 위한 모험
을 떠나거나 일상을 변화시킬 새로운 목표를 자주 설정한다.
그런데 사람들은 내가 춤을 배운다고 하면 "뭐 준비하시나
봐요?"라고 묻는다. 복싱을 배우면 "다이어트하시나 봐요?"
라고 묻고 자격증을 따려고 공부하면 "회사에서 필요하신가
봐요?" 하고 계기를 물어본다. 그럼 나는 항상 똑같은 대답을
한다.

"그냥 하는 거예요. 딱히 이유는 없어요."

이 답변을 들은 사람들은 대부분 이해할 수 없다는 표정
을 짓는다. 뚜렷한 목적과 이유가 있는 것도 아닌데 굳이 왜
사서 고생하는지 납득하기 어려워한다. 나를 가르치는 선생
님들은 배우는 목적에 따라 수업 방식이 달라질 수 있어서
그 이유를 묻지만, 그게 아닌 사람들은 아무 목적 없이 그냥
무언가 해보는 내가 신기해서 계기를 묻는다.

다시 한 번 강조하지만 그냥도 이유가 될 수 있다. 한번쯤
배워보고 싶다 혹은 도전하고 싶다는 생각만으로도 충분히
무언가에 도전할 가치가 있다.

•

복싱 코치님에게 어떻게 복싱을 시작하게 되었는지 물어
본 적이 있다. 원래는 다른 꿈이 있었는데 운동을 좋아해서
어쩌다 보니 복싱을 하게 되었다고 했다. 댄스 선생님에게도
어떻게 춤을 시작하게 되었느냐고 물어봤다. 취미로 춤을 배
웠는데 어쩌다 보니 댄서가 되었다고 한다. 요가 선생님에게
도 같은 질문을 했더니 평소 요가를 좋아했는데 어쩌다 보니
자격증까지 취득해서 강사가 되었다고 한다. 함께 일하는 변
호사님들에게도 왜 변호사가 되기로 결심했는지 물어봤다.
원래 의사가 되고 싶었는데 어쩌다 보니 이렇게 되었다는 답
을 들었다.

나처럼 확고한 꿈과 목표가 있어 스스로 무엇을 하고 싶
은지 정확하게 아는 사람이 있는 반면 이것저것 하다 보니
성과를 내게 된 사람들도 많다. 그렇다고 해서 그들이 이룬
일들이 내가 이룬 것보다 가치가 없는 것은 아니다.

영화처럼 극적인 사건은 없었지만 어쩌다 보니 무언가를
시작하고 딱히 그만둬야 할 이유가 없어 계속하다 보니 더 멋
진 내가 되었다. 이런 사례가 어떻게 보면 구체적인 목표가 있
어서 도전을 시작한 경우보다 더 대단할지도 모른다. 특별히
해야 할 이유가 없는데 꾸준히 그 일을 계속해서 무언가를

이뤄내는 게 쉬운 일은 아니다. 그리고 보면 어쩌다 보니는 참 간단하면서도 마법 같은 단어다.

어쩌다 보니가 만들어내는 기적의 과정은 그냥이 최고의 계기인 이유와 비슷하다. 새로운 일을 일단 해나가다 보면 우여곡절을 겪게 된다. 드물게 한 번에 성공하는 경우도 있지만 원래 목표로 했던 도착점이 아닌 새로운 도착점에 닿기도 하고 도전의 목적 자체를 바꾸기도 한다. 그렇게 실패와 재도전을 반복하면서 멋진 결과를 도출한다. 어쩌다 보니 성장한 것이다.

그러니 그냥 무언가를 시작하자. 그리고 어쩌다 보니 새로운 일을 계속해보자. 생각한 대로 무언가가 되지 않더라도 좌절하지 말고 다시 도전하자. 분명 도전하지 않았더라면 겪지 못했을 일들을 경험할 것이다. 이 과정에서 우리가 얻을 수 있는 가장 값진 교훈은 두려움을 설렘과 기대감으로, 실패를 끝이 아닌 또 다른 시작점으로 바꾸는 방법을 알게 된다는 것이다.

어릴 적 꿈에 다시 도전해도 좋고 마음속에 품고 있던 아이디어를 나만의 방법으로 현실화하는 것도 좋다. 과거 실패했던 일을 다시 해보는 것도 괜찮다. 그렇게 계속 나아가다 보면 언젠가 반드시 어쩌다 보니의 순간을 만날 것이다.

겁이 나는 것은
긍정적인 신호

새로운 일을 시작하기로 결심했는데 자꾸 겁이 나는가? 그렇다면 정말 다행이다. 무언가를 시작하는 데 두렵지 않다면 그 일은 애초에 인생의 터닝 포인트가 아니라 평범한 일과에 불과할 가능성이 크다. 주변에서 응원하지 않아 걱정된다면 이 또한 다행이다. 당신에게 일어나는 좋은 일을 진심으로 응원해줄 수 있는 사람은 몇 없다. 그러니 옆에서 듣고 싶은 말을 해주는 사람이 없다고 머뭇거리지 말자.

두려움은 미지의 세계를 마주했을 때 생기는 자연스러운 반응이다. 당장 눈앞에 결과가 보이지 않으니 겁이 나는 게 당연하다. 막상 시작하면 '생각보다 할 만하네?'라는 생각이 들고 어느 순간 모든 게 잘될 거라는 기대감을 느낄 것이다. 또한 어떻게 하면 지금보다 더 잘할지, 문제점을 해결할 수 있는지 궁금해질 것이다.

무슨 일을 해도 크게 상관은 없지만 도전을 할 때는 최대한 나를 두렵게 만드는 일을 선택하는 것이 좋다. 평소 안정감을 느끼는 공간에서 벗어나 새로운 환경에 놓여보고 조금 불편하더라도 어색한 순간을 이겨내야 한다. 유리한 조건을 포기해보는 것이다. 하기 싫어도 자신을 몰아붙일 때 의지력이 생기고 확신이 없는 길에 들어설 때 추진력을 얻을 수 있다. 두려움을 이겨내는 방법은 딱 한 가지, 눈을 딱 감고 시작 버튼을 누르는 것이다.

만약 과감하게 시작을 했는데도 두려움이 사라지지 않는다면 제대로 가고 있는 것이다. 잘하고 싶고 열심히 하고 싶으니 당연히 긴장할 수밖에 없다. 평지를 걸을 때는 떨리지 않아도 외나무다리를 건널 때는 떨리는 법이다.

•

내 주변 사람들은 내가 굉장히 과감하다고 생각한다. 또한 도전하는 것을 즐긴다고 생각한다. 그러니 유튜버도 되고 책도 출간하고 방송도 출연한 거라고 이야기한다. 그리고 지금도 그들이 모르는 무언가를 계획하고 있을 것 같다고 한다.

하지만 나는 완전한 겁쟁이다. 단 한 번도 겁내지 않고 무언가에 도전한 적은 없었다. 매 순간 겁이 났다. 30대가 되어 로스쿨을 갔을 때도, 오랜 외국 생활을 끝내고 한국으로 돌아왔을 때도, 새로운 취미를 시작할 때도 늘 무서웠다. 하지만 두려웠기 때문에 더 간절했고 열심히 할 수 있었다.

도전할 때는 얼마든지 두려워해도 되지만 주의해야 할 점이 있다. 우선 내가 이 일을 할 수 있을까 의문을 품지 말자. 자신의 가능성에 한계를 두면 안 된다. 할 수 있을지 없을지 는 실제로 해보지 않으면 아무도 알 수 없다.

시작부터 근사하길 바라는 욕심도 버려버리자. 순조롭지 않으면 어떤가? 천천히 조금씩 앞으로 나아가면 된다.

반드시 성공해야 한다는 강박도 내려놓아야 한다. 우리는 그렇게 완벽한 사람이 아니다. 첫 시도에 제대로 끝낼 수 있 는 일은 많지 않다. 게다가 한 번에 성공할 수 있는 일은 사실 그만큼 가치 있는 일이 아닐지도 모른다.

나아가 실패하고 다시 시작한다는 것에 거부감을 갖지 않 으면 좋겠다. 재시도할 때는 처음보다 더 빠르게 발전할 수 있 다. 기존의 방식이 성공적이지 않았다는 것이 패배를 의미하 지는 않는다. 다른 방법을 찾아내야 한다는 사실을 깨달은 것도 소득이다.

나 역시 수없이 재시작을 했다. 그 덕분에 나는 나만의 속 도와 방식에 맞는 새로운 길을 가게 되었다. 나를 앞질러 간 사람들에게는 주어지지 않은 기회를 얻었다. 내 계획대로 되 지 않았기 때문에 더 많은 것을 얻을 수 있었다. 도전하는 모 든 순간에 낭비란 없다.

66 나 자신을 스스로 제한하지 마라.
우리는 우리의 마음이 허용하는 만큼 나아갈 수 있다.
내가 믿는 것이 곧 내가 성취할 결과다. 99

_메리 케이 애시 Mary Kay Ash

CHAPTER 13

부족한 점을 채우는 것도
발전이다

모르는 것을
공부하는 즐거움

직업이 변호사다 보니 나는 내 전문 분야가 아님에도 법에 관련된 여러 질문들을 자주 받는다. 그럴 때 모르는 것은 모른다고 당당하게 말하는 편이지만 한편으로 '내가 알았어야 하는 거였나?' 하고 내심 걱정을 하곤 한다. 상대방이 그걸 굳이 나에게 물어본 데는 무언가 이유가 있었을 거라는 생각이 들기 때문이다. 그럴 때는 내가 대답하지 못한 질문의 답을 찾는 시간을 갖는다.

변호사는 평생 공부해야 하는 직업이다. 소송을 할 때도, 계약서를 검토할 때도 사건의 원인은 물론 사실 관계를 잘 이해하기 위해 법 지식과 전체적인 흐름을 파악하는 능력을 가지고 있어야 한다. 법적 문제를 검토하기 전에 사건과 관련된 산업에 관한 기본적인 지식도 익혀야 한다. 그렇다 보니 관련 분야를 잘 아는 변호사일수록 유능한 변호사로 평가받을 수밖에 없다. 일반인들이 생각하지 못한 리스크를 미리 파악해 대응할 수 있기 때문이다.

예를 들어 유튜브 채널을 운영하고 책을 출판하면서 다양한 광고 계약서와 서비스 계약서를 검토하고 계약을 체결해본 변호사는 그런 경험이 없는 변호사보다 저작권 관련 사건에서 더 다양한 위험 요소를 알아볼 수 있다. 건설과 관련된 지식을 가지고 있는 변호사는 그런 배경이 없는 변호사보다 건축 관련 소송에서 더 유리할 수밖에 없다. 이와 같은 이유 때문에라도 나는 여러 분야에 관심을 갖곤 한다.

·

사실 성인이 되고 취업을 하고 일을 시작하면 더 이상 공부는 필요 없을 거라고 생각했다. 물론 아는 것이 많다고 행복한 것은 아니겠지만 막상 사회생활을 해보니 꾸준하게 다양한 분야를 공부하는 사람과 그러지 않는 사람 사이에는 엄연한 차이가 났다. 자신이 할 수 있는 것만 하는 사람과 달리 조금 어설프더라도 생소한 분야를 공부해서 또 다른 기회를 찾아 나서는 사람들은 언제나 색다른 경험을 하게 된다.

나 또한 그렇다. 나는 크게 관심 있는 분야가 아니더라도 인터넷으로 무료 강의를 찾아 듣기도 하고 교재를 사서 혼자 공부하기도 한다. 요즘은 오프라인 수업보다 비대면 온라인 강의가 인기다 보니 궁금한 분야의 지식을 접하기가 더 쉬워졌다.

예를 들어 나는 최근에 애플리케이션 개발과 관련된 무료 강의를 시청하고 직접 프로그램을 다운로드해서 공부하기 시작했다. 처음부터 개발에 관심이 있었던 것은 아니다. 그저 구글, 네이버, 카카오 같은 큰 IT 기업에서 개발자가 한다는 코딩이 무엇인지 궁금했다. 비록 아직 어설프고 모르는 게 많지만 뭐 어떤가? 꼭 전문가처럼 그 분야를 마스터해야 하는 것이 아니다. 자기계발을 할 때는 수험생처럼 심각하게 생각하지 않아도 된다.

생소한 분야를 공부하는 것은 딱히 겉으로 성과가 드러나는 일이 아니기 때문에 다른 사람들 눈에는 의미가 없어 보일 수도 있다. 하지만 몰랐던 분야에 관심을 갖고 배우는 자세는 성장의 무기를 만들어준다. 다양한 문을 열 수 있는 열쇠를 가져다주고 지금보다 높은 곳으로 올라갈 수 있도록 인도하는 계단을 발견하게 해준다. 우리는 즐겁게 그 계단을 타고 위로 올라가기만 하면 된다.

수줍음이 많았던 내가
뮤지컬에 도전한 이유

지금은 그렇지 않지만 과거에 나는 사람들 앞에서 이야기하는 것을 굉장히 어려워했다. 사적인 자리에서는 여러 사람들과 친하게 지냈지만 공적인 자리에서는 사람들이 나에게 집중하고 관심을 가지는 것에 익숙하지 않았다. 앞에 나서서 이야기하는 것도 힘들어했다.

사실 처음에는 이런 면이 살면서 크게 문제가 된다고 생각하지 않았다. 내가 자신 있는 부분에서만 적극적으로 나서고 그게 아니면 뒤로 빠지면 된다고 생각한 것이다. 하지만 로스쿨에 입학하면서 예상치 못하게 이런 성격이 걸림돌이 되었다.

미국 로스쿨에서는 교수들이 소크라테스식 교육법Socratic method을 활용해 학생들을 가르친다. 학생 수십 명 앞에서 한 학생을 지목해 그 학생의 생각을 끌어내기 위해 다양한 질문을 하는 것이다. 사람들 앞에 나서서 이야기하는 것을 꺼리는 나는 이 수업 방식을 너무나 싫어했다. 아마 나 말고도 이걸 좋아하는 학생은 거의 없었을 것이다. 분명 답을 알면서도 지목을 받으면 다들 이야기를 잘 못했고 교수가 공격적으로 질문 공세를 퍼부으면 당황하기도 했다. 준비를 철저히 해 오지 않으면 같은 반 학생들 앞에서 제대로 망신을 당했기 때문에 나는 정말 죽도록 공부했다.

"유진, 혹시 보험 가입되어 있니?"

로스쿨 1학년 수업 중 뜬금없이 교수가 나에게 이렇게 질문을 던졌다.

단순히 보험에 가입되어 있는지 물어봤을 뿐인데 그 짧은 시간에 수많은 생각이 머릿속을 스쳤다. 어제 읽은 판례 중 보험과 관련된 사건이 있었나? 어떤 보험을 이야기하는 거지? 무슨 의도가 담긴 질문일까? 머리가 복잡해졌다.

강의실에 앉아 있는 학생들의 이목이 전부 나에게 집중되었다. 무슨 말이라도 해야 하는데 전혀 입이 떨어지지 않았다. 옆자리 친구의 숨소리가 들릴 정도로 조용했다. 무엇이 정답일까 너무 깊게 생각한 나머지 대답하는 것도 잊고 멍하니 교수를 쳐다보고만 있었다.

"유진? 내 말 안 들리니? 어느 회사의 어느 보험에 가입되어 있니?"

"어… 저는 그 어떤 보험에도 가입되어 있지 않습니다."

거짓말이었다. 유학생 보험에도 가입되어 있었고, 우리 학교 학생이라면 의무적으로 들어야 하는 학생 보험도 따로 있었다. 길게 대화를 주고받고 싶지 않은 마음에 나도 모르게 거짓말을 한 것이었다.

"큰일 났구나. 어제 읽은 판례에서 분명 보험이 없으면 어떤 피해를 입게 되는지 배웠을 텐데. 그 점에 대해 어떻게 생각하니?"

교수의 질문이 이어졌다. 굉장히 당황했다. 그렇게 철저하게 예습하고 판례를 외웠음에도 보험과 관련된 내용은 전혀 기억나지 않았다. 그날 수업이 끝날 때까지 나는 가시방석에 앉아 있어야 했다. 온몸에 식은땀이 나고 호흡 곤란이 오며 어지러웠다.

그날 이후 나는 수업 전에 더욱 더 모든 판례를 철저하게 공부했다. 하지만 조금이라도 수업 중 내 이름이 불릴 낌새가 보이면 조용히 강의실을 도망을 치거나 아예 수업을 빼먹기도 했다. 신기하게도 교수가 나를 지목할 것 같다는 느낌은 항상 들어맞았다.

"오늘 교수가 수업 중에 네 이름 불렀는데 자리에 없어서 다른 사람 시켰어."

"휴, 오늘도 잘 피했다…."

하지만 여기서 끝이 아니었다.

로스쿨을 다니는 3년간 수업 중 내 이름이 불리는 건 사소한 걱정에 불과했다. 더 큰 문제는 모의재판이었다. 로스쿨 마지막 한 학기를 앞두고 배심재판 실습을 준비하는 과정에서 나는 최대 위기를 맞았다. 아무리 철저하게 준비해도 많은 사람들 앞에서 이야기하는 게 너무 힘들었다. 내가 말할 차례가 되면 숨이 멎고 땀이 흐르기 시작하면서 준비한 내용을 전부 잊어버렸다. 그 정도에서 끝나면 그나마 다행이었다. 눈앞이 어지럽고 지진이라도 난 것처럼 중심을 잡지 못해 주저앉아버릴 때도 있었다. 멀미까지 왔다. 도대체 왜 이러는 건지, 내 모습을 나도 받아들이기 어려웠다.

소송 전문 변호사가 되고 싶었는데 사람들 앞에서 말을 못하다니 다른 꿈을 찾으라는 신의 계시같이 느껴졌다. 당당하게 큰 목소리로 배심원들 앞에서 멋있게 재판하는 나의 모습을 꿈꿔왔는데 현실은 전혀 그렇지 않았다. 내가 하고 싶어 하는 일이 나에게 사실 제일 어렵고 힘든 일이었다니…. 그렇게 공부하고 수없이 연습했는데도 사람들 앞에서 어떻게 말을 해야 할지 갈피가 잡히지 않았다. 어느 순간부터는 이런 나의 모습을 숨기는 데 급급하다 보니 일에도 지장이 생겼다.

대책이 필요했다. 혼자서 방법을 곰곰이 생각해봤다. 일종의 트라우마인가 싶어 학교에서 무료로 제공해주는 심리상담을 받아봤다. 하지만 큰 도움이 되지 않았다. 스피치 프로그램도 마찬가지였다. 인터넷에서 '말 잘하는 방법', '연설하는 방법' 등을 검색해봤지만 나에게는 효과가 없었다. 그러던 중 여기저기 방법을 찾아보려고 가입한 사이트 중 하나에서 보낸 광고 메일이 눈에 들어왔다. 바로 뮤지컬 오디션 공고였다.

뮤지컬에 도전하는 게 어떻게 발표 공포증을 해결해줄까 의문이 들지도 모르겠다. 하지만 그때는 사람들 앞에 서는 것이 무서우니 차라리 정면 돌파로 그들 앞에서 공연을 해보면 어떨까 생각했다. 뮤지컬 공연의 목적도 마음에 들었다. 오디션에는 법조인들만 지원할 수 있었고 모든 수익은 기부될 예정이었다. 당시 나는 아직 변호사가 아니었지만 로스쿨 학생도 참가할 수 있는지 주최 측에 문의했다. 오디션을 봐서 합격하면 된다는 답변이 돌아왔다.

오디션이라니. 발표 공포증을 이겨내고 싶어 뮤지컬에 도전하려는 것이었는데 오디션에서부터 탈락하게 생겼다. 첫걸음을 떼는 일부터 어렵게 느껴졌다. 그런데 곰곰이 생각해보니 오디션 또한 뮤지컬의 일부였다. 오디션부터 도전이 시작된 거라고 여기니 의욕이 생겼다. 그렇게 떨리는 마음으로 주최 측이 알려준 날짜에 오디션 장소로 향했다.

안내를 받고 어떤 방으로 들어갔다. 낯익은 얼굴들이 심사위원석에 앉아 있었다. 내가 다니던 학교의 교수들과 평소알고 지내던 선배들이었다.

"와우, 유진 안녕? 진짜 뮤지컬 오디션 보러 온 거야? 상상도 못했는걸! 수업 때는 엄청 조용하더니…. 아무튼, 무엇을보여줄 거니?"

괜히 왔다는 생각이 스쳤다. 갑자기 음악이 켜지고 방에있던 사람들이 리듬을 타며 박수를 쳤다. 에라 모르겠다, 눈을 질끈 감고 그냥 춤을 췄다. 무슨 춤을 췄는지도 모르겠지만 간절했다. 심사위원들은 즐겁게 하라고 했지만 나는 진지했다. 나의 트라우마를 극복하고 싶었다. 나를 지켜보던 심사위원도 같은 마음이었을까? 오디션에 합격했다. 그렇게 한 고비를 넘을 수 있었다.

•

무사히 오디션을 마치고 몇 개월간 하루도 빠짐없이 퇴근후에 단원들과 뮤지컬을 연습했다. 사람들 앞에서 춤을 추고노래도 하고 연기를 하면 트라우마를 이겨낼 수 있을 것 같왔다. 하지만 준비 내내 포기하고 싶은 순간들이 계속되었다.

'내가 지금 뭐 하는 거지?'

회의감이 들었다. 자신감이 떨어져 대사를 포기하기도 했다. 공연 한 달 전에는 그토록 기다리던 조지아주 변호사 시험에 불합격했다는 통보까지 받았다. 시험에 떨어졌는데 공포증을 이겨내는 것이 무슨 의미가 있을지 의구심이 들었다.

하지만 나는 끝까지 버텼다. 이 도전은 단순히 심심풀이 땅콩이 아니었다. 여기서 멈춰버리면 평생 다른 사람들 앞에서 자신감 있게 이야기하지 못할 것 같았다.

드디어 시간이 흘러 뮤지컬 개막일이 되었다. 따로 초대하지 않았는데 어떻게 알았는지 친구들이 나를 응원해주기 위해 찾아왔다. 사실을 알고 부담이 더욱 커졌다. 한편으로는 나를 응원해주는 사람이 있다는 것에 힘이 나기도 했다.

공연은 일주일간 열렸는데 첫날에는 특히 심한 공포증이 몰려왔다. 그렇게 연습하고 준비했건만 연습할 때는 나지 않던 땀이 물 흐르듯 흘렀고 속이 메슥거렸다. 매일 몇백 명이 넘는 사람들 앞에서 공연을 펼쳐야 했다. 이제 와서 그만둘 수도 없는 노릇이었다. 나 하나 빠진다고 무슨 큰 문제가 생기지는 않았겠지만 함께 뮤지컬을 준비해온 동료들, 나를 보러 먼 길을 찾아온 친구들과의 약속을 지켜야 했다. 여기서 그만둘 수는 없었다.

그렇게 둘째 날에도, 셋째 날에도 무대 위에서 공포증과 계속 싸워나갔다. '하나님, 제발 잘 버티게 해주세요'라고 기도하는 것 말고는 할 수 있는 게 없었다. 내가 무대에서 어떻게 보일지, 다른 사람들이 나를 뭐라고 생각할지는 중요하지 않았다. 이제는 무대에서 잘하는 것이 목표가 아니라 버티는 게 목표가 되었다. 연습할 때와 달리 자주 실수했고 중간중간 안무도 기억나지 않았다. 하지만 끝까지 무대 위에서 춤을 추고 몇 줄 되지 않는 대사를 읊었다. 내가 힘들게 뮤지컬에 도전하고 있다는 사실을 잘 아는 친구들은 공연 내내 단 한 번도 웃지 못하고 두려움에 맞서 싸우는 내 모습에 깊은 감명을 받았다고 했다.

공연이 끝나고 친구가 찍어준 영상을 봤다. 쑥스럽기도 했지만 동시에 온몸에 전율을 느꼈다. '이번에도 잘 이겨냈다'는 생각에 자신감이 솟구쳤다. 이제는 사람들 앞에서 당당하게 이야기할 수 있을 것 같았다.

•

아쉽게도 뮤지컬이 끝나고도 나의 발표 공포증은 사라지지 않았다. 하지만 한 가지 달라진 점이 있었다. 어떤 상황이든 주저앉지 않고 극복할 길을 찾아나가는 용기가 생겼다. 아무리 겁나도 피하지 않고 부딪치는 힘을 얻었다. 그리고 실패할 것 같아도 끝까지 버티는 의지를 키웠다.

그전까지 나는 내가 잘하는 것을 찾아서 그 기술을 더 발전시키는 것이 자기계발이라고 생각했다. 그래서 늘 내가 잘하는 게 무엇인지를 고민했다. 내 직업과 관련된 법이나 오랫동안 선수 생활을 해왔던 수영, 운동 같은 분야에 계속 도전했다. 내가 잘하는 것을 계속해야 더 좋은 성과를 이룰 수 있을 거라고 착각했던 것이다.

하지만 뮤지컬에 도전하면서 나는 내가 이미 잘하는 부분보다 힘들어하는 부분을 보완하는 것이 더 큰 발전을 가져올 수 있다는 사실을 깨달았다. 잘하는 일을 더 잘하게 만드는 것보다 부족한 점을 보충하는 게 훨씬 어렵다. 겨우 목표를 달성해도 성과가 미미할 수도 있고 부족한 점이 영원히 채워지지 않을지도 모른다. 아무런 성과가 없을지라도 외면하고 싶은 단점, 나를 두렵게 하는 것을 정면으로 마주하는 일 그리고 단 한 방울이라도 빈틈을 채우기 위해 노력하는 것이 진정한 업그레이드가 아닐까?

66 나의 가장 큰 약점을
정면으로 마주하기 전까지는
내가 얼마나 강한지 깨달을 수 없다. 99

_수전 게일 Susan Gale

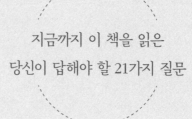

지금까지 이 책을 읽은
당신이 답해야 할 21가지 질문

1. 내가 생각하는 언런이란 무엇인가?

2. 지워버리고 싶은 자신의 생각, 고정관념, 편견이 있다면 무엇인가?

3. 지금 나에게는 어떤 부분의 언런이 필요한가? 어떻게 언런을 시도하면 좋을까?

4. 지금 자신에게 필요한 절제는 무엇인가?

5. 내가 생각하는 목표와 상충되는 행동, 스스로 불만족스러운 행동, 시간을 낭비하게 만드는 행동은 무엇인가? 그리고 어떻게 나만의 방식으로 이를 절제할 수 있을까?

6. 내가 생각하는 업그레이드란 무엇인가?

7. 자신을 업그레이드하기 위해서는 무엇을 발전시켜야 하는가? 다른 사람과 비교하지 말고 온전히 나를 중심으로 생각해보자.

8. 자신에게 현재 가장 중요한 것은 무엇인가? 그것을 지키기 위해 무엇을 하고 있는가?

9. 요즘 조금씩 관심을 가지고 있는 일은 무엇인가?

10. 언젠가 한번쯤 해보고 싶은데 어떻게 해야 할지 모르는 일이 있다면 무엇인가? 그것을 이룰 방법을 조사해보자.

11. 계획만 세우고 실제로 시작하지 않은 일은 무엇인가? 왜 그 일을 시작하지 않았는가?

12. 현재 기다리고 있는 기회는 무엇인가? 어떻게 하면 내가 먼저 그 기회를 만들 수 있을까?

13. 일상을 바꿀 수 있을 만한 새로운 일은 무엇일까? 특별한 목표를 세우지 말고 행동에 집중해서 생각해보자.

14. 지금 당장 할 수 있는 일이 무엇인가? 만약 그 일을 한다면 하기 전과 상황이 어떻게 달라지는가?

15. 나의 어릴 적 꿈은 무엇이었는가? 꿈이 없었다면 어떠한 사람이 되고 싶었는지 또는 어떻게 살고 싶었는지 기억을 더듬어보자.

16. 이번 주에 도전할 만한 일은 무엇일까? 작은 일이라도 생각해보자.

17. 새롭게 도전하고 싶은 일을 어떻게 실천할 수 있을까?

18. 나를 망설이게 만드는 것은 무엇인가?

19. 도전을 앞두고 어떤 느낌을 받는가? 만약 겁이 난다면 그 느낌과 원인을 구체적으로 글로 작성해보자.

20. 나의 부족한 점은 무엇인가? 쑥스러워하지 말고 솔직하게 대답해보자.

21. 나의 부족한 점을 채우려면 어떻게 해야 할까?

PART 4

마침내
홀로서기

CHAPTER 14

지루한 일상에서
벗어나려면

좋은 목표를 설정하는 비결

일, 운동, 공부, 취미 생활… 나는 다른 사람들이 꼭 해야 한다고, 정말 좋다고 하는 건 다 하고 있었다. "그래, 건강이 중요하니까 운동해야지", "그래, 돈 벌어야 하니까 일을 해야 지", "요즘 자기계발은 필수지? 새로운 공부도 해야지"라고 이 야기하며 일상을 이어갔다. 뚜렷한 목표가 없어도 일단 해보 면 변화는 생기니까 시도했고 그게 나름 습관이 됐다. 그렇 게 별 기대나 생각 없이 매일 운동하고 일하고 공부하면서 안정적인 생활을 이어갔다.

그러다 결국 지루함이 찾아왔다. 변화가 필요했다. 할 일 은 다 하고 있는데 뭘 또 더 한다는 걸까 싶을지 모르겠다. 내 가 선택한 방법은 새로운 일을 시작하는 게 아니라 이미 하 고 있는 일에서 새로운 목표를 만드는 것이었다.

지금 하는 일의 구체적인 도전 과제를 만들면 부담스럽게 많은 걸 바꾸지 않아도 일상을 변화시킬 수 있다. 몇 가지 예를 들어보자. 매일 운동을 하고 있다면 보디 프로필 사진을 찍거나 특정 몸무게에 도달하겠다, 근육량을 몇 킬로그램 늘리겠다는 목표를 설정하면 된다.

그 밖에도 글 쓰는 게 취미라면 출판을 하거나 가사를 쓰는 방법을 배워 곡을 만들어보겠다는 목표를 세울 수 있다. 영상 편집이 취미라면 영상 공모전에 작품을 출품해볼 수 있고 유튜브 채널을 운영해볼 수도 있을 것이다. 자기계발을 위해 무언가를 공부하고 있다면 그와 관련된 다양한 자격증을 취득하겠다는 목표를 세울 수 있다.

이렇게 자신의 한계를 조금씩 넓혀가는 것만으로도 좋은 목표를 설정할 수 있다. 꼭 큰돈을 투자하거나 거창한 일을 해야 인생에 변화를 줄 수 있는 것이 아니다. 어떤 일이든 단순한 취미로 끝내지 말고 지금까지 해온 정도를 넘어서는 목표를 설정해보자. 이왕 운동하는 거 헬스장에 가서 30분 걷고 오지 말고 웨이트 트레이닝으로 근육을 키워보자. 이왕 공부하는 거 책만 읽지 말고 학위 취득에 도전해서 업무 스펙을 높여보자. 목표가 높아질수록 변화를 체감할 수 있을 것이다.

•

여기까지 읽으면 '애초에 딱히 하는 게 없는데 도대체 무슨 목표를 설정하라는 거지?'라는 생각이 들 수도 있다. 그럴 때는 일상에서 목표를 재설정해보자.

살면서 정말 아무것도 하지 않는 사람은 없다. 자신이 무엇을 하는지 인지하지 못할 뿐이다. 나의 일상을 돌아보자. 아무리 바빠도 식사는 하지 않는가? 회사에 가려고 움직이지 않는가? 샤워는 하지 않는가?

식사를 할 때 목표를 재설정한다면 이렇게 할 수 있을 것이다. 일주일 동안 건강한 식단으로 챙겨 먹는다. 식사 전에 꼭 물을 한 컵 마신다. 이동할 때 목표를 재설정한다면, 지하철 탈 때는 무조건 계단 이용하기, 자가용보다 대중교통 이용하기를 생각할 수 있겠다. 샤워할 때는 트리트먼트로 머릿결 관리하기, 씻자마자 바로 보디로션 챙겨 바르기 등을 목표로 설정할 수 있다.

이렇게 같은 일을 하더라도 목표를 재설정하면 일상이 달라진다. 매일 자신에게 변화를 안겨주기 때문에 다음 날이 더 기다려진다. 이것이 내가 새로운 하루를 시작하는 방법이자 지루한 일상을 탈출하는 비법이다. 꼭 한번 시도해보길 바란다. 사는 게 지루할 틈이 없다.

인생은
프로젝트

나는 한 가지 목표를 달성하면 바로 또 다른 목표를 설정하는 것을 즐긴다. 이때 좋은 목표를 설정하는 방법은 인생을 프로젝트라고 생각하는 것이다.

나는 매년 프로젝트를 계획한다. 배우가 새로운 영화를 찍을 때마다 자신이 맡은 배역에 완전히 몰입하고 가수가 새로운 앨범을 낼 때마다 그 콘셉트에 맞춰서 스타일 변신을 하듯이 한 해를 관통하는 나만의 큰 프로젝트를 구상하고 그걸 이루는 데 적합한 새로운 내가 되어본다.

더 구체적인 예를 들어보겠다. 내가 최근 5년간 달성한 프로젝트는 다음과 같다.

2016년: 변호사 되기

2017년: 뮤지컬 배우 도전하기

2018년: 안정적인 직장에 취업하기

2019년: 영상 크리에이터 및 유튜버 되기

2020년: 책 출간하기

2021년: 애플리케이션 개발하기

이렇게 나는 매년 한 가지 메인 프로젝트를 정하고 1년 동안 나만의 방식으로 목표를 달성한다.

다른 사람이 보면 '왜 이렇게 피곤하게 사나' 싶을 수도 있겠지만 나는 전혀 힘들지 않았다. 누구도 나에게 프로젝트를 계획하라고 강요하지 않았기 때문이다. 차분히 나만의 시간을 가지며 내가 할 수 있는 일들을 하나씩 살펴보고 그에 관한 뚜렷한 목표를 세운 뒤 과감히 도전했다. 내가 세운 프로젝트였기에 나 스스로 방법을 찾았고 모든 과정이 즐거웠다.

놀랍게도 단 한 번도 프로젝트가 실패한 적은 없었다. 사실 프로젝트에 도전한 것 자체로 이미 성공했다고 생각했다. 그러니 어떤 결과가 나오든 실패가 불가능했다. 물론 나의 계획대로 성과가 나오지 않은 적도 있었고 끝까지 계속하지 못할 때도 있었다. 하지만 그런 결과 또한 다른 목표의 출발점이 되었다.

무언가 달라지고 싶지만 어떻게 해야 할지 감이 잡히지 않는다면 자신을 한번 돌아보자. 그리고 내 인생을 성공적으로 살아가는 데 필요한 단기 프로젝트를 구상해보자. 이 프로젝트에서는 완벽할 필요도, 전문가가 될 필요도 없다. 그냥 남들이 예측하지 못할 의외의 결과물을 만들어보는 것이면 충분하다.

본업이 있다고 나만의 프로젝트를 부담스럽게 여길 필요는 없다. 오히려 회사에서와 달리 잘해야 한다는 압박이 없으니 과정을 즐기고 훨씬 더 좋은 결과를 얻을 수 있다. 단, 한 가지 팁을 알려주자면 자신의 프로젝트를 여기저기 알리고 다니는 것은 추천하지 않는다. 타인에게 불필요한 간섭을 받을 수 있기 때문이다.

앞서 잠깐 언급했지만 내가 세운 2021년의 프로젝트는 애플리케이션 개발이다. 그 계기는 우연이었다. 여러 애플리케이션 개발 관련 강의를 듣고 책을 읽으며 이것저것 따라 하다 보니 자연스레 IT 분야에 관심이 깊어졌다. 그래서 다양한 IT 관련 수업을 들으며 개인 정보와 관련한 국내 법규를 익힐 수 있었다.

그렇게 혼자 공부하다 좋은 아이디어가 떠올랐다. 그리고 이 아이디어를 현실로 만들어볼 수 있을 것 같아 전문가들의 도움을 받아 새로운 도전을 시작했다. 그게 2021년의 인생 프로젝트가 되었다.

매년 나만의 프로젝트를 기획해보자. 근사한 프로젝트일 필요는 없다. 자신이 원래 되고 싶은 사람, 꿈꿔온 일에 가볍게 다가가면 된다. 막상 시작해보면 하나도 어렵지 않을 것이다. 어떤 평가 항목도 없는 나를 위한 맞춤 프로젝트니까.

새로운 나를 만드는
상상의 힘

우리는 두려운 상황에 놓이면 실제로 일어날 수 있는 일보다 더 최악의 시나리오를 상상한다. 그래야 원하는 결과를 얻지 못해도 마음이 덜 아프기 때문이다.

만약 상처를 받지 않는 게 목적이라면 이런 상상력은 분명 도움이 될 것이다. 하지만 목표를 위해 꾸준하게 달려가려면 언제나 최고로 행복한 순간을 상상하는 습관을 가지는 게 더 유용하다. 예컨대 생각지도 못하게 훨씬 더 좋은 결과를 얻을 수 있을 거라는 상상 같은 것 말이다.

나는 무언가에 도전할 때 늘 현실에서 일어날 수 있는 것보다 훨씬 더 좋은 결과를 상상한다. 꿈처럼 행복한 순간을 머릿속에 그리는 것이다. 한 가지 팁을 공유하자면 긍정적인 상상은 최대한 구체적으로 하는 것이 좋다.

예를 들어 나는 수영 선수 시절 훈련을 할 때 팔과 허벅지에 근육과 힘이 생기는 모습을 상상했다. 물과 하나가 되어 파도가 나를 밀어주고 점점 빠르게 헤엄치는 상상도 했다. 대회에서는 사람들이 환호를 지르며 나를 응원하는 장면과 올림픽 국가 대표처럼 태극기를 들고 자랑스럽게 1등 단상에 오르는 모습을 상상했다.

물론 현실은 달랐다. 새벽마다 일어나서 힘들게 훈련하며 고통스러워하는 나의 모습, 말이 통하지 않아 팀원들에게 무시당하는 나의 모습은 초라했다. 하지만 그 모든 시련을 이겨낼 수 있었던 이유는 상상 속의 내가 굉장히 멋있는 사람이었기 때문이다.

변호사가 되기 위해 끝까지 공부할 수 있었던 이유도 마찬가지였다. 아무리 힘들어도 상상 덕에 꿈이 멀지 않게 느껴졌다. 포기하지 않고 공부해서 변호사 시험에 합격하고 부모님과 함께 웃으며 즐거워하는 상상, 멋있는 정장을 입고 법원으로 출근해서 억울한 사람들을 변호하는 상상, 어딘가 나를 간절하게 필요로 하는 의뢰인이 있을 것이라는 상상은 내가 포기하지 않고 공부해야 하는 이유가 되었다.

유튜브 채널을 처음 운영하기 시작했을 때도 비슷했다. 물론 처음부터 유튜버가 될 마음으로 영상 편집을 시작한 것은 아니었다. 하지만 몇 년간 꾸준하게 영상을 제작하고 업로드할 수 있었던 것 역시 구체적인 상상 덕분이었다. 단순히 '구독자가 1만 명이 넘고 돈을 벌면 좋겠다'가 아닌 많은 사람이 내 영상을 보고 감동을 받는 상상, 꿈을 이루는 데 조금 시간이 걸리는 친구들에게 믿을 만한 멘토가 되는 상상을 했다. 첫 책을 쓸 때는 단순히 베스트셀러 작가가 되겠다는 목표를 가지지 않고 사람들이 내가 쓴 책을 읽고 새벽 기상으로 새로운 경험을 하는 모습, 자신이 얼마나 특별한 사람인지 깨닫는 모습을 상상했다. 아무리 불가능해 보이는 일도 나의 상상 속에서는 전부 가능했다.

오늘도 이른 새벽에 울린 알람을 끄는 순간 어떠한 하루를 보낼지 구체적으로 상상해본다. 일어나서 씻고 운동을 하는 나의 모습, 퇴근 후 친구들과 맛있는 저녁을 먹는 나의 모습을 그려보는 것이다. 이 상상을 가능하게 만들려면 바로 일어나면 된다.

나의 한계는 나만이 정할 수 있다. 이것밖에 못하겠다고 생각하면 딱 그만큼만 하게 되고, 여기까지는 할 수 있을 것 같다고 생각하면 그만큼의 가능성이 생기는 것이다. 긍정적인 상상을 구체적으로 할수록 자신의 한계점은 높아진다.

꿈을 이루는 상상, 목표를 달성하는 데 필요한 모든 과정이 순조롭게 진행되는 상상은 자신감을 심어준다. 불가능하다고 생각한 일이라도 그것을 이루기까지의 과정과 그 결과를 상상해보자. 모든 일이 현실적으로 가능하다고 느끼게 될 것이다.

목표를 쉽게 달성하는
구체적인 방법

목표를 쉽게 달성하는 방법은 사실 별게 없다. 그것에만 집중하고 그냥 하는 거다. 그럼에도 목표를 세웠는데 구체적으로 어떻게 시작해야 할지 모르겠다면 몇 가지 팁이 있다.

우선, 목적지까지 도착하는 과정을 단계별로 나누어보는 것을 추천한다. 나는 큰 목표의 모든 세부 과정을 작은 목표로 설정한 뒤 그 목표에 도달할 때마다 자축하는 시간을 갖는다. 예를 들어 새벽 수영이 큰 목표라면 제시간에 일어나서 수영장에 들어가기까지 거치는 모든 과정을 작은 목표로 만든다. 기상, 아침 식사, 수영복 챙기기, 수영장까지 이동, 수영복 갈아입기, 물에 들어가기를 목표로 세운다.

유튜버가 되는 것이 목표라면 첫 영상을 올릴 때까지 필요한 모든 과정, 즉 유튜브 가입, 채널 이름 생성, 영상 기획안 짜기, 영상 촬영하기, 편집하기, 제목 짓기, 썸네일 제작하기, 영상 업로드하기 등을 작은 목표로 세울 수 있다. 그렇게 단계를 조금씩 나누고 그 단계에 도달할 때마다 목표를 달성했다는 사실을 인지한다. 그러면 모든 과정 하나하나가 즐거울 수밖에 없다.

한 번에 모든 일을 하기보다 각 단계를 하루에 하나씩만 해보는 것도 괜찮다. 아무리 작은 목표라도 한꺼번에 다 이뤄내려면 나도 모르게 부담을 느낄 수 있다. 오늘은 유튜브 가입, 내일은 채널 이름 생성, 그다음 날은 영상 기획안 짜기 등 조금씩 나누어 천천히 실천하다 보면 목표가 더욱 쉽게 느껴질 것이다. 목표를 달성하는 데 필요한 습관을 기를 수 있는 것은 덤이다.

여기서 작은 목표를 달성했다는 점을 자축하는 것도 매우 중요하다. 작은 목표들은 어떻게 보면 시시하게 느껴질 수 있다. 그래서 최종 목표에 도달할 때까지 자신이 이룬 성과를 가볍게 여기고 축하하지 않는 경우가 많다. '아직 멀었어', '고작 몇 개월 해놓고…' 등 원하는 결과를 얻을 때까지 자신을 엄격하게 채찍질한다.

우리는 안 그래도 주변에서 매일 '잘해야 한다', '더 열심히 해야 한다'는 말을 듣는다. 여기에 나까지 스스로를 몰아붙이면 쉽게 지칠 수밖에 없다. 누군가는 우리에게 지금도 충분히 잘하고 있다는 확신을 심어줘야 하고 계속 달릴 수 있도록 새로운 동기를 부여해줘야 한다. 그리고 이 역할은 다른 누구보다 자기 자신이 제일 잘할 수 있다. 혹시 지금 지치고 무기력해진 상태라면 그동안 스스로에게 너무 엄격하게 대하지는 않았는지 돌아보자.

이렇게 과정을 세분화하고 자축하다 보면 자신만의 목표 달성 노하우를 터득하게 된다. 내가 무엇을 할 수 있고 어떻게 해야 그 일이 수월한지, 어떤 식으로 문제에 접근해야 하는지를 파악할 수 있다.

이 방식은 특히 다른 분야로 이직을 하려고 하거나 생소한 일을 새롭게 시작해보려는 사람들에게 정말 유용하다. 처음부터 A에서 Z로 가기보다는 A, B, C로 나누어 각 단계별로 시간 투자 비중을 조금씩 늘려가면 지금 하고 있는 일과 새로운 일을 병행하며 목표를 달성할 수 있다.

이사를 간다고 가정해보자. 지금 살고 있는 집에서 새로운 집으로 옮기기까지 많은 과정이 필요할 것이다. 물론 급하게 이사를 가야 할 때도 있지만 어느 정도 준비할 시간이 있는 경우에는 당연히 기존에 있던 짐을 정리하면서 남은 짐을 새로운 집으로 조금씩 옮기는 게 수월하다. 우리의 꿈도 마찬가지다. 매일 조금씩 목표를 달성하고 변화하는 나의 모습을 즐겨보자.

66 내 삶을 어떻게 꾸려나갈 것인가는

나에게 달렸다.

블록으로 건물을 쌓아 올리듯

내가 가지고 있는 것을 차근차근 쌓아 올려라.

그리고 그것을 중심으로 꿈을 키워라. 99

_셰릴 스트레이드 Cheryl Strayed

CHAPTER 15

꾸준함의
네 가지 비결

꾸준함의 첫 번째 비결,
반복

　나는 심적으로 부담을 느끼거나 일이 바쁠수록 일정한 시간에 똑같은 루틴으로 하루를 시작한다. 무언가 반복하면 안정감을 찾을 수 있기 때문이다. 정말 특별한 이벤트를 계획하지 않는 한 나의 하루는 크게 달라지지 않는다.

　같은 시간에 기상하고 출근할 준비를 한다. 같은 버스를 타고 회사에 가고 같은 시간에 점심을 먹고 비슷한 시간에 퇴근한다. 집에 와서는 어제 저녁에 했던 여러 가지 루틴을 반복한다. 말로만 들어서는 지루해 보이기도 하지만 이것이 나의 꾸준함의 첫 번째 비법이다.

　새벽 기상이든 취미 생활이든 자기계발이든 한 번 시작한 걸 꾸준히 유지하려면 습관을 넘어 일상의 한 부분이 될 수 있도록 반복해야 한다. 매일 하는 것이 당연해야 하고 특별한 게 아니어야 한다.

지난 몇십 년간 나는 새벽 기상과 운동을 꾸준하게 했다. 이제는 그게 내 삶의 일부가 되었다. 새벽 기상과 운동을 하지 않는 날에는 몸이 불편하다. 그리고 지난 3년 동안에는 영상 편집을 꾸준하게 했다. 편집을 하지 않는 날에는 허전함과 공허함이 몰려온다. 지난 4~5개월간은 복싱과 춤을 꾸준하게 배웠다. 단 한 번도 수업에 빠지지 않았다고 자신할 수 있을 만큼 나 자신에게 엄격했다.

내가 이렇게 된 계기가 있었다. 오랜 시간 수험 생활을 하고 똑똑한 사람들과 함께 교육을 받으면서 뼈저리게 느낀 것이 있었다. 머리 좋은 사람은 부지런한 사람을 따라갈 수 없고, 부지런한 사람은 꾸준한 사람을 따라갈 수 없다는 것이다(부지런하면 꾸준할 거라 생각할 수도 있지만 이 둘은 확실히 성격이 다르다).

꾸준한 사람은 부지런한 사람, 머리 좋고 똑똑하기만 한 사람들과는 다른 길을 걷는다. 한 번 생각할 것을 두 번 세 번 생각해보고 시도한다. 그 과정에서 더 많은 실패와 좌절을 경험한다. 이것만으로도 이미 월등하게 유리할 텐데, 꾸준한 사람은 이 과정을 살아가면서 계속 반복한다. 여기서 핵심은 반복이다. 완벽하지 않아도, 대충 하더라도 멈추지 않고 또 해보는 것이다.

꾸준하게 하는 것과 완벽하게 하는 것은 다른 일이다. 무언가를 꾸준하게 한다는 것은 실수가 잦아도, 큰 변화가 보이지 않아도, 지루하더라도 계속 다시 하는 것이다. 즉, 정확도보다는 루틴화를 더 우선순위에 둔다고 보면 된다. 이렇게 지치지 않고 반복하는 사람들은 시도 횟수가 많기에 자연스럽게 더 많은 정보를 접하고 더 다양한 기회를 만나게 된다. 그러니 결국 최종 결과도 다를 수밖에 없다.

나는 이것을 깨닫고 난 뒤 반복을 무기로 삼았다. 남들보다 머리가 좋거나 재능이 뛰어나지 않다고 생각했던 나에게 이것은 최고의 방패였다.

꾸준함의 두 번째 비결,
휴식

잠이 오지 않고 아무것도 하기 싫은 날이 1년에 한두 번은 꼭 찾아온다. 무기력증인지 슬럼프인지 모르겠지만 모든 게 귀찮고 아무도 만나기 싫어진다. 평소와 달리 아침에 일어나기도 힘들다. 알람이 울리고 무거운 몸을 일으켜보지만 평소처럼 아침 공기가 상쾌하게 느껴지지도 않고 영 기운이 없다.

이럴 때 나는 새벽 기상을 포기하고 출근 전까지 다시 푹 잠을 잔다. 특별한 이유는 없다. 그저 휴식이 필요했을 뿐이다. 가끔 이유 없이 지칠 때는 특별한 문제가 있다고 생각하지 않고 마음 가는 대로 쉰다. 그러면 금세 다시 활기를 찾는다.

왜 우리는 열심히 달릴 때만 잘하고 있다고 생각할까? 잠시 멈춰서 쉬거나 컨디션이 좋지 않으면 큰 문제가 생긴 것처럼 스스로를 한심하게 여기고 포기라는 단어를 쉽게 입에 담는다. 그리고 빨리 회복해야 한다며 자신을 재촉한다.

성공한 사람들의 이야기를 들어보면 다들 쉬지 않고 열심히 노력하고 끊임없이 도전하고 좌절해도 일어나고 어려움을 극복해냈다고 한다. 그래서일까? 열심히 해야 한다는 압박감에 우리는 쉬면서 늘 죄책감을 느낀다.

아직은 괜찮다고 생각해 오랫동안 휴식을 취하지 않으면 성장할 수 없다. 틈틈이 쉬는 시간을 즐겨야 나를 무너뜨릴 정도로 큰 파도가 오지 않는다. 지금 우울하고 무기력하고 아무것도 하고 싶지 않다면 내가 무능해서 그런 게 아니라 너무 열심히 달리다 보니 그동안 해소해야 했던 피로가 몰려온 것이라고 생각하자. 스스로에게 이렇게 이야기하는 것이다.

'걱정하지 말고 잠깐 쉬었다 가자.'

쉬기로 결정했을 때는 불안해하지 말고 푹 쉬어야 한다. 평소보다 늦잠을 자보자. 나도 모르게 눈이 일찍 떠졌다면 침대에 누워서 음악을 들으며 가만히 누워 있어보자. 직장인 이라면 과감하게 연차 휴가를 내버리는 것도 좋다. 뭐가 나를 지치게 하는지 답을 찾으려고 하기보다는 아무것도 하지 않고 스스로를 위로하는 것이다.

•

지쳤을 때 쉬는 것보다 꾸준함을 유지하는 더 효과적인 방법은 지치기 전에 미리 쉬는 것이다. 습관은 단기간에 자리 잡는 게 아니다. 매일 목표를 달성하겠다고 정하는 게 아니라 사흘을 성공했으면 하루는 쉬고 다시 닷새를 목표로 해야 한 다. '겨우 3일 하고 포기했네…'가 아닌 '3일 했으니 오늘은 쉬 고 내일 다시 시작하자'로 관점을 바꾸는 것이다.

지칠 때 쉬는 것과 지치기 전에 쉬는 것은 확실한 차이가 있다. 모든 에너지가 소비된 상태일 때는 긴 회복 시간이 필 요하다. 육체적, 정신적으로 모두 지쳐 있으니 자신감도 잃게 되고 내가 앞으로도 잘할 수 있을지, 그냥 여기서 그만두는 게 나을지 의심하게 된다.

반면 지치기 전에 주도적으로 쉬는 시간을 가지면 회복이 아닌 에너지를 충전하는 데 집중할 수 있다. 앞으로도 계속할 수 있을 것 같다는 자신감과 확신이 생긴다. 이것이 나의 꾸준함의 두 번째 비결이다.

그렇다면 어떻게 해야 에너지를 제때제때 충전할 수 있을까? 우선 자신에게 가장 필요한 것이 무엇인지 생각해보자. 누군가에게는 잠이 필요할 것이고 누군가에게는 음악이 필요할 것이다. 친구들과의 시간을 즐기는 사람들도 있고 아무 계획 없이 멀리 떠나는 것을 좋아하는 사람들도 있다.

무엇보다 목표에 따라 다르게 휴식을 취하는 방법을 추천한다. 나는 중요한 시험을 앞두고 공부하느라 집중력을 지나치게 소모했을 때 혼자 있는 시간을 통해 에너지를 충전했다. 자기계발서나 동기를 부여하는 문구를 찾아 읽고 유명 인사들의 강의를 들으며 마음을 다잡았다. 때로는 씻지도 않고 온종일 침대에 누워 있기도 했다. 반면 일하면서 정신적인 스트레스가 많이 쌓일 때는 등산이나 수영 등 몸을 움직여서 잉여 에너지가 머릿속에 고여 있지 않도록 노력했다.

꾸준하게 무언가를 하다 보면 그 일 자체는 쉬워질 수 있다. 하지만 아무리 시간이 흘러도 꾸준히 하는 게 쉬워지지는 않는다. 쉬는 것은 게으른 게 아니다. 슬럼프가 반드시 위기를 뜻하는 것도 아니다. 다시 일어날 수 있는 힘만 있다면 잠시 쉬어가도 전혀 문제가 되지 않는다.

꾸준함의 세 번째 비결,
즐겁게 하기

"유진 변호사님은 운동이 즐거워요?"

"일 제대로 하는 거 맞아? 일은 취미가 아니에요! 일을 즐겁게 한다는 건 말이 안 되는데…."

"즐겁게 할 수 있는 일만 찾아다니는 거 아니야?"

"유진아, 너는 이게 즐거워? 난 너무 하기 싫다."

주변 사람들이 나에게 던지는 질문이다. 나는 무엇이든지 즐겁게 하는 걸 좋아한다. 이는 어떤 일이든 꾸준하게 할 수 있는 원동력이 되어준다.

잘 생각해보면, 누구에게나 지금 하는 일을 즐겁게 할지 말지에 대한 선택권은 주어진다. 그리고 나는 즐겁게 하는 것을 선택했다. 그래서 일이든 운동이든 취미 생활이든, 하고자 하는 일은 물론 하기 싫은 일도 어떻게 하면 즐겁게 할 수 있을지를 제일 먼저 생각하곤 한다. 즐거움이 없으면 아무리 열심히 해도 실패할 확률이 높다. 잘하고 싶다는 의욕보다는 포기하고 싶다는 욕구가 더 강해지기 때문이다.

무언가를 즐겁게 하는 게 왜 어려울까? 각자마다 방식이 다르겠지만 내가 무언가를 즐겁게 한다는 것은 그 일 자체가 즐거워야 한다는 뜻이 아니다. 어떻게 하는 일이 모두 재미있을 수 있겠는가? 매일 하던 일인데 가끔은 충동적으로 전부 집어치우고 싶을 때도 있고, 예전에는 좋아했던 일인데 더 이상 흥미가 생기지 않을 때도 있다. 이럴 때 내가 즐거워하는 행동과 즐겁지 않은 일을 함께 하면 큰 도움이 된다.

예를 들어 힘든 회사 생활 속에서도 즐거움을 찾기 위해 나는 동료들과 이런 대화를 주고받는다.

"다음 주에는 월급날이 있어요!"

"그다음 주에는 우리 다 같이 맛있는 점심 먹어요!"

"4월에는 또 뭐가 있죠? 공동 연차가 있어요!"

"그다음 주에는 김 변호사님 생일이네요! 우리 그날 뭐 할까요?"

"5월에는 특별한 게 없는데, 우리끼리 데이트해요!"

이렇게 매주 소소한 즐거움을 찾고 기대될 만한 일을 만든다. 간식을 사서 동료들과 나눠 먹기도 하고, 일대일 미팅을 할 때는 티타임을 가진다는 마음으로 편안한 분위기에서 회의를 진행하고는 한다.

혼자 있을 때도 즐거운 생각으로 하루를 채운다. 우연히 발견한 이벤트에 참여하기도 하고 운동을 하면서 내가 어떻게 변화했는지 비교해보기도 한다. 귀엽고 사랑스러운 동물 영상을 감상하기도 한다.

 ·

하루를 즐겁게 만드는 또 다른 팁을 공유하자면 바로 내가 느끼는 즐거움을 자주 표현하고 다른 사람들과 공유하는 것이다.

"오늘 새벽에 한 시간 동안 운동을 했는데 너무 개운해요. 내일 또 해야겠어요. 대리님도 해보세요!"

"어제 제가 그림을 하나 그려봤는데 생각보다 예쁘게 나온 거 있죠? 스트레스도 풀리고 꽤 재미있어요. 팀장님도 해보세요!"

"전에 우연히 지나가다 발견한 레스토랑 기억나지? 내일 아는 지인이랑 가기로 했어! 다녀와서 어떤지 알려줄게!"

물론 나의 이야기를 굳이 알고 싶어 하지 않는 사람들에게까지 이런 소식을 공유할 필요는 없다. 하지만 긍정적인 이야기를 나누면 주변 사람들에게는 물론 나 자신에게도 즐거움을 선사할 수 있다. 그리고 믿기 어렵겠지만 이렇게 일상에서 느끼는 즐거움 자체가 무언가를 꾸준하게 실천하는 연료가 되기도 한다.

어제를 어떻게 보냈는지와 무관하게 아침은 오고 매일 또다른 하루가 시작된다. 그러니 이왕이면 즐겁게 하루를 보내보자. 실패했던 일도 여유를 갖고 다시 접근해보자. 같은 길이라도 이번에는 색다르게 가벼운 걸음으로 걸어가보자. 이유 없이 웃어보기도 하고, 자존심 같은 거 내세우지 말고 데면데면한 사람에게 먼저 다가가 말도 걸어보자. 피해 볼까봐, 손해 볼까 봐 너무 긴장하지 말고 오늘은 힘을 좀 빼보는거다. 때로는 삶을 조금 가볍게 받아들이는 게 꾸준함을 만들어주기도 한다.

꾸준함의 네 번째 비결,
목표와 상황을 분리하기

너무 힘들어서 도전을 그만두고 싶은 상황이라면 곰곰이 생각해보자. 과연 그 꿈이 힘든 걸까 아니면 지금 내가 처한 환경과 상황이 나를 힘들게 하는 걸까? 대부분 후자일 것이다.

공부를 예로 들어보자. 많은 수험생이 힘들어하는 이유는 공부 자체 때문이라기보다는 다른 친구들과 비교했을 때 뒤처진다는 생각, 놀고 싶은데 그러지 못하는 상황, 불투명한 미래 때문에 그런 경우가 많다. 즉, 우리가 무언가를 포기하게 되는 이유는 우리의 목표와 실제로 무관하다는 것이다.

운동도 마찬가지다. 나 역시 한때 그랬다. 운동 자체는 귀찮지 않았다. 하지만 준비물을 챙기고 헬스장까지 가는 그 길이 너무 멀게 느껴졌다. 특히 날씨가 안 좋을 때는 그냥 따듯한 침대에 누워 푹 쉬고 싶었다. 그걸 모르고 운동이 힘들다고 생각했다.

하지만 나를 진짜 힘들게 만드는 것이 무엇인지 알게 된 후에는 다른 전략을 선택했다. 바로 회사 근처에서 운동하는 것이었다. 집에 가려면 무조건 헬스장을 지나쳐야 했기 때문에 즐거운 마음으로 몇 년간 꾸준하게 운동할 수 있게 되었다.

지금 포기하고 싶은 일이 있다면 그 이유가 무엇인지 곰곰이 생각해보자. 스트레스의 원인이 무엇인지도 관찰해보자. 그리고 요인을 하나씩 정리해보자. 인간관계가 문제라면 상대방과 거리를 두거나 그를 차단해도 무관하다. 금전적인 문제라면 지출을 자제할 수 있는지, 추가로 아르바이트를 할 수 없는지 생각해보자. 자꾸 주변 사람들과 비교하는 자신이 문제라면 나만의 시간을 통해 중심을 잡아보자.

" 오직 나 자신만이 내 에너지를 충전시켜줄
책임이 있는 존재라는 사실을 기억하라.
비난과 불평, 핑계 대기를 멈추고 어떤 일이 있더라도
나만의 목표를 향해 꾸준히 나아가라. "

_잭 캔필드 Jack Canfield

CHAPTER 16

인간관계가 나에게
가르쳐주는 것

어떤 사람들과
소통해야 할까?

"안녕하세요, 김유진이라고 합니다…. 저는 에모리 로스쿨
2학년이고… 어… 날씨가 참 좋네요…. 만나서 반갑습니다."

학창 시절 낯선 사람을 만났을 때 나의 말투다. 당시 많은
사람이 인맥이 중요하다기에 나는 쑥스러워하면서도 틈이
날 때마다 네트워킹 이벤트를 찾아다녔다. 내가 가고자 하는
목적지에 도착한 사람들은 무엇을 하고 있는지 알고 싶었다.
그래서 종종 그들에게 이메일로 인터뷰를 요청했다. 그리고
운이 좋으면 함께 점심을 먹으며 이야기를 나누거나 도움을
받았다. 물론 내 이메일이 스팸 처리된 적도 많았다.

살면서 나에게 직접적인 영향을 주는 사람은 소수에 불
과하다. 하지만 만나봐야 하는 사람은 굉장히 많다. 지금까
지 나만의 시간을 가지라는 이야기를 해놓고 무슨 이야기냐

고? 혼자 있는 시간을 가지라는 말이 모든 인간관계를 끊으라는 뜻은 아니다. 혼자만의 시간을 활용해 자신에게 유익한 경험을 하라는 의미다.

자, 그럼 사람들과 소통하는 게 우리에게 직접적으로 어떤 도움을 주는지 궁금할 것이다. 누구를 안다고 해서 그들이 우리에게 일자리를 주는 것도 아니고, 좋은 성적을 주는 것도 아닌데 뭐 하러 쓸데없이 사람을 만나느냐고 생각할 수도 있다. 물론 사람들을 만나는 대신 다른 자기계발을 하며 시간을 보낼 수 있다면 틀린 말은 아니다.

그럼에도 불구하고 새로운 사람들과의 만남은 우리 삶에 중요한 역할을 한다. 그들은 내가 가고자 하는 길에 무엇이 있는지 알려줄 수도 있고 생각해보지 못한 새로운 길을 안내해줄 수도 있다. 내가 일하고 싶은 회사에 다니고 갖고 싶은 직업을 가졌고 해보지 못한 경험을 하는 사람들과의 만남은 우리 삶에서 제일 유효한 자산이 된다.

•

첫 책에서도 잠시 언급했지만 나는 내가 이루고 싶은 목표를 달성한 사람들이나 평소 만나보고 싶다고 생각한 사람들에게 연락해보는 것을 좋아한다. 조금 쑥스럽기도 하지만 그 사람들은 대부분 나를 모르니 소통을 하려면 내가 먼저 연락하는 수밖에 없다.

혼자만의 시간에 나는 연락해보고 싶은 사람들의 목록을 작성한다. 그 리스트에는 내가 소통을 희망하는 다양한 분들의 이름, 회사, 이메일 주소 그리고 특이 사항이 적혀 있다. 예를 들어 같은 학교를 졸업했다거나 비슷한 취미가 있다는 것 등 대화의 연결고리를 찾는 것이다. 그리고 그에 맞춰 정성스럽게 이메일을 보낸다.

여기서 한 가지 팁을 공유하자면 모르는 사람에게 먼저 이메일을 보낼 때는 절대 회신을 강요해서는 안 된다는 것이다. 그리고 구구절절 질문을 하는 것도 좋지 않다. 나는 이 점을 나중에서야 알게 되었다(어쩌면 그래서 회신을 받지 못했을지도 모른다). 대신 내가 누구인지, 상대방을 왜 존경하는지, 그 사람과의 어떤 연결고리가 있는지 설명하고, 기회가 주어진다면 언젠가 꼭 뵙고 싶다는 메시지를 최대한 부담스럽지 않은 어조로 마무리한다.

이렇게 이메일을 보낸 날에는 온종일 설렌다. 사실 회신이 올 거라는 기대보다는 무언가 시도했다는 성취감이 더 강하다. 그래서 답장을 받지 못해도 크게 개의치 않았다. 상대가 내가 보낸 메일을 읽었는지 여부도 중요하지 않았다. 메일을 보낸 것만으로도 이미 작은 인연이 만들어졌기 때문이다.

실제로 만남이 성사된 적도 있었다. 로스쿨에 다니던 시절 아무 기대감 없이 존경하던 변호사님에게 이메일을 보냈다가 지역 법조인들의 조식 모임에 초청받았다. 그 후 공부 때문에 아무리 바빠도 일주일에 한 번은 고정 멤버로 모임에 참여했다. 단순히 인맥을 관리하기 위해서가 아니었다. 각자 다른 위치에 있고 다른 배경에서 자란 사람들, 여러 전문 분야에서 두각을 나타내는 사람들과의 만남을 통해 또 다른 나를 발견했다.

누군가를 새롭게 만난다는 것 자체만으로도 뜻깊다고 생각하기에 언제나 특별한 목적을 가지고 인맥을 쌓아가지는 않지만 가끔은 아예 목적을 정하고 사람을 만나기도 한다. 가령 내가 일하고 싶은 로펌에 재직 중인 변호사님과 이야기를 나누겠다는 생각으로 모임에 참석한 적이 있었다. 목적을 가지고 누군가를 만난다는 게 계산적으로 보일까 봐 염려될 수도 있겠지만 전혀 그렇지 않다. 나도 그 사람에게 유용한 정보를 전달할 수 있기 때문에 서로 도움을 주고받겠다는 열린 자세로 다가가면 언제나 좋은 결과를 얻는다.

우리는 살아가면서 주변 사람들에게 다양한 영향을 받는다. 그리고 그들과 소통하며 또 다른 자신을 발견한다. 책에서 배울 수 없는 인생 수업도 받을 수 있다.

나만의 시간을 가진다는 것은 모든 인간관계를 차단한다는 뜻이 아니다. 인간관계에 수동적으로 얽매이지 않고 나에게 긍정적인 영향을 끼칠 수 있는 관계를 스스로 만들어나간다는 의미다. 새로운 사람을 만나는 것을 씨앗을 심는다고 생각해보자. 모든 씨앗에 싹이 트진 않겠지만 그중 꽃을 피우는 씨앗도 있을 것이다. 생각지도 못한 결정적인 시기에 그 꽃이 좋은 열매를 선물할지 누가 알겠는가?

멘토 찾아
삼만리

로스쿨에 다닐 무렵 무료한 일상에 지쳐가던 때가 있었다. 나만의 시간에 무언가 변화를 줄 만한 일이 없을지 찾아보다가 미국변호사협회에서 주최하는 법조인 네트워킹 이벤트 공고를 보게 되었다. 미국에서 열리는 가장 큰 법조계 네트워킹 이벤트로 3박 4일간 최고급 호텔에서 유명 법조인들과 함께할 수 있는 워크숍 형태의 세미나였다.

좋은 영감을 얻을 수 있는 기회였지만 문제가 하나 있었다. 참가하는 데 필요한 비용이 어처구니가 없을 정도로 비싸다는 것이었다. 참가비는 물론이고 행사가 열리는 곳과 다른 주에 거주하고 있었기 때문에 비행기표도 필요했다. 세미나 기간 동안 묵을 호텔의 숙박비까지 따지면 적어도 1000달러는 필요했다.

매일 공부에 치이는 로스쿨 학생에게 3박 4일은 정말 긴 시간이었다. 기말고사가 얼마 남지 않았는데 며칠이나 다른 주에 가느라 자리를 비운다는 것 자체가 학생으로서 쉽게 엄두도 내지 못할 일이었다. 하지만 나는 세미나에 너무 가고 싶었다. 어쩌면 학교를 벗어나고 싶어서 찾은 핑계일지도 모르지만 이 시간이 나에게 정말 필요하다는 것을 잘 알고 있었다.

나는 곧 세미나에 참석할 방안을 모색했다. 공고를 자세히 읽어보다가 로스쿨 학생은 참가비가 무료라는 사실을 알게 되었다. 생각지도 못하게 큰 비용을 절약한 것이다. 또한 공항에서 세미나 장소까지 셔틀버스가 있어서 택시비도 아낄 수 있었다. 이제 항공권과 숙박비만 준비하면 되었다.

하루라도 숙박비를 줄이기 위해 당일 새벽에 출발하는 비행기표를 알아봤다. 가격이 훨씬 저렴했다. 종일 세미나에 참가할 예정이라 숙소는 크게 중요하지 않으니 잠만 잘 수 있는 에어비앤비Airbnb 숙소를 찾아봤다. 거실에서 자는 조건으로 하루 20달러만 지불하면 되는 숙소를 예약했다. 이렇게 고작 150달러를 들여 시카고로 향했다.

시카고에 간 것은 그때가 처음이었다. 세미나가 주최되는 곳은 5성급 호텔이었다. 나는 학생티라도 내듯 편안한 후드 티셔츠와 청바지를 입고 있었다. 괜히 눈치가 보여 화장실에서 나름 변호사처럼 보이는 정장으로 갈아입었다. 물론 여전히 학생 느낌은 났지만 어깨를 피고 당당하게 세미나 장소에 들어갔다.

첫 1박 2일은 최고의 실력을 갖춘 판사, 검사, 변호사들의 발표를 들으며 그들이 직접 맡았던 사건을 간접적으로 경험할 수 있었다. 언제 또 이런 분들을 만날 수 있을까 싶어 모든 순간이 신기했다. 아직 취업조차 못한 학생이었지만 다시 오지 않을 기회라는 생각에 얼굴에 철판을 깔고 적극적으로 사람들과 인사하고 이야기를 나눴다.

세미나에 참가한 모두에게 유용한 인맥을 쌓겠다는 목적이 있다 보니 자연스럽게 서로 명함을 주고받게 되었다. 나는 학생이라 따로 명함이 없었다. 그래서 이름, 학교, 연락처와 짧은 이력이 담긴 학생 명함을 미리 준비해 갔다. 오히려 그 덕에 사람들의 관심을 끌었다.

"명함 누구 아이디어니? 참 새로운데? 학생 전용 명함이
라니!"

"에모리 학생이구나! 반가워요."

학생이다 보니 다른 법조인들처럼 일 이야기를 하지는
못했지만 그들이 어떻게 그 자리까지 갔는지 경청했다. 내가
앞으로 갈 길을 미리 경험할 수 있는 최고의 시간이었다. 그
중에서도 제일 좋았던 점은 내가 지금 제대로 나아가고 있
는지 확인했다는 것이었다.

세미나에서 만난 모든 사람들이 기꺼이 나의 멘토가 되
어줬다. "나도 너처럼 막막할 때가 있었지. 그런데 전혀 걱정
할거 없단다", "난 학생 때 이렇게 적극적으로 세미나에 참
석할 생각조차 못했는데 넌 잘하고 있어!", "다음 주 시험
잘 보고 마지막 학기 즐겁게 보내렴. 그리고 바 시험(변호사
시험) 때부터 다시 집중하면 된단다. 지금 모든 걸 다 결정할
필요 없어. 어차피 변호사가 되면 또 달라지거든", "이건 내
명함이야. 나중에 도움 필요하면 연락해. 영어와 한국어 둘
다 유능하게 잘하는 변호사는 흔치 않아. 너의 장점을 잘
이용하길 바란다" 등 유용한 조언을 들었다. 같은 공부를
했던 사람들과 교감하고 어려운 시간을 보내는 비결을 공유
하는 것만으로 큰 위로와 힘을 받았다.

마지막 날에는 모든 법조인들이 모여 파티를 즐겼다. 영화나 텔레비전에서 나올 법한 그런 근사한 파티였다. 모두 화려한 드레스를 입고 비싼 와인을 마시며 아무런 걱정도 없는 것처럼 즐거운 시간을 보냈다. 이때도 역시 '내가 또 언제 이런 파티를 참여할 수 있겠어?'라는 생각에 잘 마시지도 못하는 와인을 실컷 마시면서 배가 터지도록 먹고 즐겼다.

와인 덕분이었을까? 점점 긴장이 풀렸다. 혼자 학생이라는 사실도 잊고 자연스럽게 파티에 참여한 사람들과 다양한 이야기를 나누며 친목을 쌓았다. 방에서 공부만 했으면 절대 만끽하지 못했을 시간이었다. 다음 주에 예정된 기말고사가 걱정되긴 했지만 사흘 쉰다고 큰일이 생기지 않는다고 스스로를 안심시켰다.

그 세미나에서 만난 사람들과 계속 연락을 하고 지낸 것은 아니다. 하지만 선배 법조인들을 만난 것만으로도 당시 나에게는 큰 자극이 되었다. 성공한 사람을 만났다고 해서 꼭 그 사람에게 쓸모 있는 정보를 알아내야 한다고 생각할 필요는 없다. 그 사람이 얼마나 벌고 어느 위치에 있는지에 집중하기보다는 그가 어떤 사람인지, 어떤 동기와 열정을 가지고 있는지, 실패는 어떻게 극복했는지, 그 위치까지 가게 된 배경과 원동력이 무엇인지에 관심을 가진다면 어떤 일을 하든 평생 유용한 조언을 얻을 수 있을 것이다.

나눔으로
배울 수 있는 것

2019년, 태국으로 단기 해외 선교 봉사를 다녀왔다. 원래 계획은 따로 있었다. 사회인이 되고 처음 얻은 여름휴가는 누가 봐도 근사하고 화려한 곳에서 보내고 싶었다. '유럽을 안 가봤으니 이번 휴가 때는 꼭 가야겠어! 출장으로 쌓아놓은 마일리지를 사용하면 비용도 아낄 수 있겠다!'라며 들뜬 마음으로 최고의 휴양지를 몇 날 며칠 찾아보며 고민했다.

그런데 곰곰이 생각해보니 나에게 필요한 건 근사한 해외여행이 아니었다. 물론 그게 싫다는 것은 아니지만 막상 결제를 하려고 보니 진짜 해야 할 일은 따로 있다는 사실을 깨달았다. 바로 사회생활을 하느라 항상 주눅 들고 긴장한 나 자신을 치유하는 것이었다. 결국 나는 삶의 목적과 의미를 되찾기 위해 선교 봉사를 가기로 결정했다.

선교 봉사 활동과 삶의 목적을 찾는 것은 전혀 연관이 없을 수도 있다. 지금 생각해보면 나 역시 왜 그런 결정을 내렸는지 완벽하게 이해가 되지는 않는다. 하지만 나는 기독교인이기도 하고, 평소 무언가를 놓치지 않기 위해 늘 손에 힘을 꽉 쥐고 있는데 남을 도우면서 그 주먹을 느슨히 풀어버릴 수 있지 않을까 기대했다.

해외 선교 봉사를 가기 전에는 그곳에 가면 남들에게 무언가를 베풀어야 한다고 생각했다. 사실은 그렇지 않았다. 나도 많은 것을 받았다. 그곳에서는 누가 어느 학교를 졸업하고 어떤 회사에 다니고 연봉은 얼마인지, 무슨 차와 어떤 가방을 가지고 있는지가 중요하지 않았다. 다들 작은 것에도 기뻐하고 감동했다. 그렇게 아무것도 아닌 일에도 크게 웃는 사람들 사이에서 세속적으로 물들어버린 나의 마음을 깨끗하게 씻어 내리고 원래 중요하게 여겨온 가치를 되찾을 수 있었다.

일반적으로 자원봉사는 다른 사람에게 좋은 것이라 생각하는 경우가 많다. 하지만 누군가를 돕는 일은 남보다 자신에게 가장 큰 영향을 끼친다. 이 과정에서 스스로를 돌아보는 시간을 가질 수 있으며 성숙한 자아를 만들 수 있다. 함께 좋은 일을 하는 다른 사람들을 보면서 긍정적인 에너지도 얻을 수 있다.

나는 진심으로 누군가의 행복을 빌어주고 성공을 축하해주기까지 오랜 시간이 걸렸다. 아니, 그렇게 하는 방법을 몰랐다. 하지만 여러 봉사 활동을 하면서 타인의 행복과 기쁨이 나에게 얼마나 큰 영향을 주는지 알게 된 후로는 달라졌다.

•

내가 처음 봉사 활동을 시작한 나이는 열일곱 살쯤이었다. 한국으로 돌아와 검정고시를 준비하며 양로원에서 봉사 활동을 했다. 당시 다니던 교회의 집사님이 다른 고등학생들보다 시간 여유가 있으니 남을 도와보지 않겠느냐고 권유했다.

처음에는 미래가 막막해서 억지로 시작한 일이었다. 좋은 일을 하면 좋은 일이 생긴다던데, 봉사 활동을 하면 누군가는 알아주겠지 싶었다. 그런데 다음 경험으로 나는 나의 가치관을 완전히 바꿨다. 홀로 양로원에 외로이 계시던 치매 환자 할머니께서 나의 손을 꼭 잡고 이렇게 물어보신 것이다.

"다음 주에도 또 올 거지?"

순간 '이 할머니는 내가 뭐가 좋아서 이렇게 말씀하시는 거지?'라는 생각이 들었다. 딱히 해드린 것도 없는데 내 손을 놓지 않으셨다. 또 오겠다고 약속하지 말라는 봉사 선생님의 말이 머리에 맴돌았다. 항상 다시 온다고 하고 안 오는 사람들 때문에 할머니, 할아버지가 마음에 상처를 입기 때문이었다. 하지만 결국 나는 마음이 약해져 할머니에게 꼭 다시 오겠다고 대답했다.

그다음 주, 약속을 지키기 위해 양로원에 가서 할머니를 돌봤다. 치매를 앓으셔서 분명 나를 기억하지 못할 거라는 선생님의 말과 달리 할머니께서는 나를 기억하셨다. 아니, 기억하셨다고 믿고 싶다. 아무 말 하지 않은 채 내 두 손을 꼭 잡으며 환하게 웃어주시는 모습을 보고 마음이 따뜻해졌다.

다른 사람을 돕다 보면 마음을 행복으로 가득 채울 수 있다. '나도 누군가에게 소중한 사람이 될 수 있구나', '내가 할 수 있는 일이 이렇게나 많구나'라는 생각을 하게 된다.

봉사 활동에서 꼭 선한 마음만 배우는 것은 아니다. 다른 사람을 도우며 나는 이 세상에 내가 아는 것보다 훨씬 더 심각한 일이 일어나고 있다는 점을 알게 되었다. 나에게는 당연한 일들이 누군가에게는 그렇지 않을 수도 있다는 사실도 깨달았다.

대학생 시절, 몇 주간 교육을 받고 가정 폭력 방지 센터Domestic Violence Prevention Centre에서 1년 가까이 자원봉사를 했다. 딱히 특별한 계기는 없었다. 그저 이력서에 한 줄 적을 만한 경험을 하려고 한 것이었다. 경찰관이 작성한 리포트를 검토하고 가정 폭력 피해자를 보호할 수 있도록 대응 방안을 담당 조사관에게 제시하는 게 내가 할 일이었다. 나는 피해자를 직접 인터뷰하거나 사건의 사실 관계를 조사해서 검사님과 판사님께 나의 의견을 서면으로 보고했다.

이곳에서 나는 다양한 폭행 피해자와 이야기를 나누고 그들의 아픔을 직접 목격했다. 피해자들은 가족에게 폭행을 당해 얼굴과 온몸에 멍이 들고 심한 상처를 입었다. 폭행이 반복되어 여러 번 신고를 한 경우도 많았다. 그러다 보니 폭력을 당연한 일상으로 생각하는 피해자도 있었다.

피해자를 인터뷰할 때 "여기 센터에서 뭐 하시는 분이세요?"라는 질문을 제일 많이 받았다. 경찰도 아닌데 이것저것 물어보는 내가 누군지 궁금한 것이었다.

"미시간주립대학교 학생입니다. 곧 졸업해요. 자원봉사로 여기서 검사님들을 돕고 있어요. 당신의 이야기를 듣고 상황을 파악해서 검사님께 제출할 거예요."

"미시간주립대학교 다녀요? 정말 대단해요! 저는 사실 고등학교도 졸업하지 못했어요. 부모님이 굉장히 자랑스러워하시겠어요."

피해자들은 밝게 웃어줬다. 온몸에 멍이 들었는데도 아무렇지 않은 듯 대학생인 나를 신기하게 바라보는 이 상황에 어떻게 반응해야 할지 갈피가 잡히지 않았다.

그들이 살고 있는 세상에서는 서로 폭행하고 싸우는 것이 당연한 반면 대학교에 다닌다는 것은 굉장히 대단하고 의미 있는 일이었다. 내가 살고 있는 세상에서는 웬만하면 모두 대학교에 진학했고 폭행 사건에 연루되어 경찰관에게 체포당하는 것은 정말 드문 일이었다. 같은 하늘 아래 있으면서도 그들과 나는 너무 다른 세상을 살고 있었다.

처음에는 '나는 지금 많은 것을 누리고 있구나'라는 생각이 들었다. 하지만 피해자들을 만나는 시간이 점점 길어지면서 '이대로 두면 안 되겠다'는 생각으로 바뀌었다. 가장 가까운 사람에게 욕을 듣고 폭행을 당하는 것이 어떻게 당연한 일이 되었는지, 자신의 머리에 총을 겨누는 사람에게서 왜 벗어나지 못하는지 슬프고 안타깝고 답답했다. 그들이 처한 어려움을 듣고 직접 도울 수 있다는 것에 강한 책임감을 느꼈다.

로스쿨 3학년 때는 애틀랜타에 위치한 한 법률 구조 공단 Atlanta's legal aid에서 자원봉사를 이어갔다. 경제적으로 어려운 사람들에게 무료로 법률 상담 및 법률적 지원을 제공할 수 있다는 점에서 큰 의미가 있었다. 또한 앞으로 변호사로서의 삶을 미리 경험해볼 수 있는 뜻깊은 시간이기도 했다.

사람들의 이야기를 듣고 문제점을 파악하고 해결 방법을 직접 제시하는 과정에서 지난 3년간 로스쿨 수업에서는 배우지 못한 교훈을 얻었다. 로스쿨에서 나는 법을 해석하고 적용하고 또 이것을 무기로 활용하는 방법을 배웠다. 하지만 현실은 달랐다. 고통받는 사람들의 이야기를 들어주고 그들에게 어떠한 권리가 존재하는지 알려주고 그들에게도 다양한 선택의 여지를 제시해주는 일만으로도 많은 것을 바꿀 수 있었다.

이러한 경험은 훗날 나에게 큰 자산이 되었다. 우선 그동안 몰랐던 세상을 알게 되었다. 친절함에도 용기가 필요하다는 사실도 깨달았다. 다들 누군가를 돕다가 나도 피해를 입지 않을까 두려워할 때 선뜻 나설 용기, 미움받고 있는 사람에게 따뜻한 말을 전할 용기, 내가 보지 못한 타인의 입장과 상황을 이해할 용기를 배웠다. 그리고 이 경험이 변호사의 삶을 살아가면서 가장 중요하게 여겨야 할 가치가 무엇인지 일깨워줬다. 타인과의 관계를 통해서만 얻을 수 있는 큰 가르침이었다.

66 나 자신이 되게 하지 못하는 관계에
얽매이지 마라.
나를 더 발전시킬 수 있는 사람들로
주변을 채워라. 99

_오프라 윈프리 Oprah Winfrey

CHAPTER 17

내가 특별하면
평범한 하루가 좋다

잘 산다는 것의
의미

'하루를 알뜰하게 보내는 사람들'이라는 주제로 한 텔레비전 프로그램에 출연하게 되었다. 인터뷰 중 MC가 나에게 했던 질문이 기억에 남는다.

"나에게 마지막 하루가 주어진다면 어떤 일을 하고 싶으신가요?"

"가족들과 온종일 함께 있고 싶어요."

다른 뜻은 없었다. 그냥 마지막 하루라고 하면 제대로 인사를 해야 한다는 생각뿐이었다.

"그럼 마지막 한마디를 하고 떠나야 한다면?"

순간 깊은 생각에 빠졌다. 방송에는 그래 보이지 않았지만 촬영 당시에는 몇 초 정도의 침묵이 흘렀다.

"할 말은 없고… 부모님께 여쭙고 싶은 것이 있어요."

"어, 무엇을 여쭙고 싶으신가요?"

"'나 잘 살았지?'라고 물어보고 싶어요."

나는 그렇게 슬픈 느낌을 받지 못했는데 당시 이 대답이 많은 사람에게 감동과 슬픔을 동시에 안겨줬다고 한다.

내가 생각하는 "나 잘 살았지?"의 의미는 무엇이었을까? 변호사 시험에 합격한 것? 대기업에 취직한 것? 팔로워가 20만 넘는 유튜버가 된 것? 베스트셀러 작가가 된 것?

모두 아니다. 실수하고 실패해도 멈추지 않고, 힘들고 지쳐도 포기하지 않고, 무서워도 주저하지 않고, 앞이 보이지 않아도 거침없이 달려온 것이었다. 외로움을 극복한 것, 어려움 속에서도 즐거움을 찾은 것, 상처를 입어도 회복할 수 있었던 것, 다른 사람들의 비판과 평가에 흔들리지 않고 당당했던 것, 다시는 못할 만큼 무언가 열심히 해봤던 것, 나쁜 길로 빠지지 않고 나만의 중심을 잡을 수 있었던 것, 기쁠 때는 주변 사람들과 실컷 웃었다는 것, 슬퍼하는 사람을 보면 같이 울고 공감할 수 있었다는 것, 나와 다른 사람들을 이해하고 도움이 필요한 사람들에게 좋은 사람이 되기 위해 노력했던 것 그리고 마지막으로 나 자신을 우선순위에 두었던 것. 이것이 내가 생각하는 잘 사는 것이었다.

평범한 일상의
선물

저녁 7시 55분, 평소처럼 퇴근하고 집에 돌아와서 저녁을 먹기 위해 부엌으로 향했다. '다음 월급날까지 얼마나 남았지?', '내일 해야 할 일은 뭐였더라?' 등 이런저런 생각을 하며 식사를 준비했다. 빨리 하루를 마무리하고 침대에 누울 생각이었다. 매일 반복되는 대단하지도 나쁘지도 않은 평범하고 지루한 삶, 그나마 첫 책 출간을 앞두고 있다는 게 소소한 설렘을 안겨줬다.

바쁘게 내일 먹을 점심 도시락을 준비하는데 엄마가 거실 소파에 앉아 아무 말 없이 무언가를 심각하게 보고 있는 걸 눈치챘다. 분위기가 심상치 않았다.

"엄마, 뭐 봐?"

"…유진아, 엄마가 암이래."

평소 허리에 통증이 있던 엄마가 병원에 다녀온 건 알고 있었지만 단순 근육통이라 생각해 따로 묻지 않고 있었다. 엄마의 말을 듣고 정신이 번쩍 들었다. 놀란 나를 진정시키려는 듯 무덤덤한 톤이었지만 핸드폰을 건네는 엄마의 목소리는 살짝 떨리고 있었다.

"오늘 병원 가서 MRI 결과를 받았는데, 엄마가 글쎄 암인 것 같다고 빨리 큰 병원 가보라네."

엄마의 핸드폰에는 척추 뼈 MRI 사진과 의사 소견서가 있었다. 척추에 자리 잡은 이상한 형체가 암으로 보인다고 했다.

"암으로 추정된다는 거지? 확정은 아니지?"

엄마는 아무런 말이 없었다.

나는 엄마의 MRI 사진과 소견서를 주변 사람들에게 공유했다. 물론 사진만으로 정확한 진단을 받기는 어려웠다. 하지만 척추의 암은 전이암인 경우가 많으며 4기일 확률이 제일 높다는 답변을 받았다.

간단하게 저녁만 먹고 일찍 자려고 했던 계획과 달리 아무것도 먹지 못하고 밤을 새우며 척추암과 관련된 유명 논문을 찾아 읽었다. 그리고 대한민국에서 척추암으로 유명한 의사가 누구인지 찾아봤다. 환우들이 남긴 후기를 샅샅이 읽으며 병원도 알아봤다. 몇 시간 전까지만 해도 평범한 일상을 보냈는데 한 시간 뒤 어떤 일이 벌어질지 예측할 수 없는 하루하루를 보내게 되었다.

아침 8시가 되자마자 대한민국에서 손꼽히는 병원에 모두 예약을 했다. 다행히 암 의심 환자는 빠른 시일 내로 예약이 가능했지만 적어도 일주일은 초조한 마음으로 손 놓고 기다려야 했다. 그 예약마저도 기다리지 못해 다음 날 집 근처 작은 척추 병원으로 향했다. 그리고 영상의학과에서 수령한 MRI CD를 접수했다.

"이건 암인데요. 왜 여기로 오셨죠?"

CD를 보고 황당하다는 듯 의사가 되물었다.

"저희 엄마 척추 MRI인데요. 대학 병원이 예약되어 있는데 너무 마음이 급해서요…. 혹시 암이 아닐 가능성이 있는지 여쭙고 싶어서 찾아왔습니다."

"…이건 딱 봐도 암 맞아요. 척추의 암은 전이암일 확률이 99퍼센트입니다. 왜 여기로 오셨어요? 빨리 큰 병원 가세요."

냉정한 의사의 답변에 힘이 풀려 그 자리에 주저앉았다.

다음 날 그리고 그다음 날까지 우리 가족은 일상을 유지할 수 없었다. 내가 그토록 좋다고 강조했던 새벽 기상은커녕 10분도 잠을 이룰 수 없었다. 아무 걱정 없이 출근하고 점심 먹고 퇴근하는 당연한 하루는 더 이상 없었다. 운동 갈 힘도 없었다. 그토록 즐겼던 유튜브 영상 촬영과 편집도 더 이상 할 수 없었다. 익숙했던 모든 삶이 한순간에 무너졌다. 엄마가 아프다는 사실에 어떤 것도 할 수가 없었다. 두렵고 무서웠다.

예약일이 다가왔다. 각종 검사를 받고 결과를 기다렸다.

그러다 보니 어느덧 아무것도 하지 못한 채 한 달이 지나가버렸다. 그동안 우리 가족은 현실과 지옥을 오가고 있었다. 당사자인 엄마가 가장 힘들 걸 알았지만 나 역시 이 상황을 받아들이기가 어려웠다. 일상이 완전히 무너졌다. 잠도 못 자고 먹지도 못하고 일도 할 수 없었다.

・

그 시간을 견디며 나는 평범함의 행복이라는 것이 무슨 의미인지 깨달았다.

어제와 똑같이 아침에 눈을 뜨면 조금 더 자고 싶다고 투정부리던 나의 아침, 여유로운 마음으로 책을 읽다가 출근해 동료들과 아침 식사를 하던 시간, 지겨운 회사 생활조차 그리워졌다. 회의하면서 서로 아이디어를 주고받고 의견이 충돌할 때는 열정적으로 토론을 하던 그 시간도 더 이상 없었다. 점심에는 무엇을 먹을지 고민하고 날씨가 좋을 때는 산책을 하던 나날들, 퇴근하고 돌아오면 가족들과 저녁을 먹고 하루 일과를 공유하던 그 순간들, 매일 똑같다고 생각했던 그 순간이 축복이었다는 것을 그제야 알았다.

나는 나의 일상이 늘 변함없을 줄 알았다. 숨만 쉬어도 살아지는 게 삶이었기 때문에 그 자체가 사실은 굉장히 갖기 어렵다는 걸 몰랐다. 하지만 모든 순간이 사실은 기회였다. 나 자신에게 집중할 수 있는 기회, 다양한 사람들을 만나고 함께 일할 수 있는 기회, 건강을 챙길 수 있는 기회, 가족들과 즐거운 하루를 보낼 수 있는 기회, 주어진 하루를 마음대로 만들어나갈 수 있는 기회였던 것이다.

다행히 정밀 검사 결과 엄마 척추에 자리 잡은 종양은 악성 암은 아니었다. 하지만 의사는 혹시 모르니 6개월마다 검사를 해야 한다고 했다. 그 말은 곧 우리 가족이 언제나 긴장하며 살아야 한다는 뜻과 같았다. 지금 우리가 누리는 순간들이 얼마나 값지고 소중한 것인지 늘 명심해야 했다.

·

만약 지금 당신이 너무 평범하다고 불평하는 그 일상이 더 이상 주어지지 않는다면 어떤 하루를 보낼 것인가? 언제나 우리는 예상치 못한 일이 벌어지고 나서야 조용했던 나날을 회상하며 '그때가 좋았지'라고 후회한다.

코로나19만 봐도 우리가 어떠한 기회를 놓쳤는지 알 수 있다. 마스크 없이도 공부하고 헬스장에 가고 밖에서 뛰어놀고 즐거운 시간을 보내던 날들, 연락처를 남기지 않고 자유롭게 돌아다니고 거리를 두지 않고 사람들을 만나던 날들이 모두 다른 세상을 볼 수 있었던 기회였다. 하지만 그런 순간이 기회라고 깨달을 때는 이미 모든 게 지나간 뒤다.

우리가 가질 수 없는 것, 할 수 없는 일에 집중하고 아쉬워하느라 지금 주어지는 기회를 놓치지 말자. 즐겁게 하루를 보낼 수 있는 기회, 누군가에게 좋은 사람이 될 수 있는 기회, 사랑하는 사람과 시간을 보낼 수 있는 기회, 무언가 새로운 것을 배울 수 있는 기회… 지금 우리에게 값진 선물이 끊임없이 쏟아지고 있다.

특별히 기억에 남는 하루가 없을 만큼 매일 똑같고 평범한 일상을 보낸다는 것, 그 모든 게 지루하고 무의미하게 느껴지는 날조차 우리에게 가장 특별한 날임을 잊지 않기를 바란다. 가장 평범한 나날이 계속해서 기회를 건네주고 있으니.

평범함 속에 숨은
기회를 찾아내는 방법

사람들은 평범한 일상을 지루하다고 표현한다. 여행을 떠나지 않으면, 특별한 이벤트가 생기지 않으면 재미없는 삶을 살고 있다 착각한다. 그래서 이 지루한 삶을 조금이라도 더 즐겁게 해주는 핸드폰에서 눈을 떼지 못하고, 다른 사람들의 관심을 받고 그들과의 경쟁에서 이기는 것을 인생의 주목표로 삼는다.

하지만 지금 당신에게 주어진 일상이 불만족스럽다는 이유로 무조건 특별한 하루를 보내려고 애쓰지 않았으면 좋겠다. 대신 할 수 있는 한 가장 평범한 하루를 보내보려고 노력해보자. 의외로 아무 일도 없이 하루를 조용히, 만족스럽게 보내는 것이 꽤 어렵다는 사실을 깨닫게 될 것이다.

나의 하루는 이렇다. 우선 새벽 4시 30분에 알람이 울린다. '조금만 더 잘까? 아니면 지금 일어나서 나의 하루를 그려볼까?' 하고 고민한다. 지금 일어나야 하는 이유는 딱히 없다. 하지만 무거운 몸을 일으켜 머리를 정리하고 잠시 눈을 감고 기도를 한다. 기도의 내용은 대부분 감사한다는 내용이다. 오늘도 내가 하루를 시작할 수 있게 되었음에 감사하고 소중한 사람들과 함께 일을 할 수 있음에 감사하고 건강하게 하루를 보낼 수 있음에 감사한다.

양치질과 세수를 한 뒤 따뜻한 차를 준비해 책상에 앉아 새소리를 들으며 나만의 시간을 갖는다. 이 시간에는 나 자신에게만 집중한다. 딱히 무언가 하지 않아도 괜찮다. 나 자신을 위로하거나 생각을 정리할 때도 있고 조용한 음악을 들으며 그림을 그리거나 휴식을 취할 때도 있다.

이 시간은 내가 가장 회복하는 시간인 동시에 제일 발전하는 시간이다. 하고 싶었던 것, 할 수 있는 것에 도전해보기도 한다. 이렇게 온전히 나에게만 집중하면서 뿌듯함으로 하루를 시작한다. 비록 어제와 별 다를 바 없어도 즐거운 하루를 보낼 수 있을 것 같다는 긍정적인 에너지를 받는다.

오전 6시 20분쯤에는 통근 버스를 타고 출근을 한다. 출근하는 동안에는 좋아하는 음악을 듣거나 오디오북을 들으면서 눈을 붙인다.

회사에 도착해서는 동료들과 아침 식사를 한다. 누구의 강요도 없이 자발적으로 좋아하는 사람들과 식사하며 업무와 무관한 대화를 한다. 각자의 가족 이야기, 앞으로의 계획, 건강, 재미있는 사건 등을 공유하는데, 내가 일과 중 제일 좋아하는 시간이기도 하다. 주변에 이렇게 좋은 사람들이 있다는 것은 정말 큰 축복이다. 아침을 먹는 식당의 사장님은 내가 국물을 좋아하고 건더기는 잘 안 먹는 것까지 아신다. 그래서 "이건 언니 거!" 하며 국물만 많은 김칫국과 계란밥을 주시는데 그럴 때마다 왠지 모르게 특별해지는 기분이 든다.

업무 시작 전에는 사내 카페에서 아침마다 커피를 산다. 커피를 좋아해서라기보다는 사무실에 퍼지는 커피향이 좋아서 주문하게 된다. 가끔은 너무 일찍 간 탓에 카페 직원들이 빵을 준비하는 모습을 구경하기도 한다. 어찌나 먹음직스러워 보이는지 배가 부른데도 크로플을 함께 주문한다.

"여기서 직접 만드셔서 그런지 정말 맛있어요!"

카페 직원에게 이렇게 인사를 건넨다. 이런 소소한 대화 덕분에 하루를 좀 더 즐겁게 시작한다.

오전 7시 50분쯤에는 자리에 앉아 오늘 할 일을 점검하고 플래너에 적는다. 내가 직접 디자인한 플래너를 사용하고 있는데, 볼 때마다 뿌듯함을 느낀다. 투 두 리스트_{to do list}를 적다 보면 오늘도 업무가 많다는 생각에 스트레스가 쌓이고 부담감이 들기도 한다. 하지만 어려운 사건들은 함께 일하는 동료들과 의논하고 잘 이해가 안 가는 사건들은 담당자들에게 설명을 구하며 꼬인 실을 하나씩 풀어나간다. 직접 부딪치면 다 할 수 있다.

오전 근무는 늘 정신없이 바쁜 탓에 눈 깜박할 사이에 점심시간이 된다. 아침을 동료들과 함께 먹었으니 점심에는 혼자서 운동을 하고 가볍게 식사를 한다. 나에게 주어진 점심시간은 두 시간이다. 점심을 먹기에는 긴 시간이지만 나에게는 너무 짧다. 나는 보통 한 시간 정도 운동을 하는데, 하루는 유산소에 집중하고 다음 날에는 근력 위주로 운동한다.

그리고 남는 시간에 점심 식사를 한다. 가끔 새벽 일찍 일어나서 점심에 운동까지 하면 피곤해서 오후 근무를 하겠느냐고 묻는 사람들도 있지만 오히려 체력이 좋아져서 오후 근무를 쌩쌩하게 처리할 수 있다.

다시 근무 시간이 되면 열심히 일에 집중한다. 스트레스가 쌓이면 편의점에 들러 내가 좋아하는 간식을 산다. 같은 시간에 매일 편의점에 가니까 편의점 사장님이 굉장히 반겨주신다. "오늘은 아가씨가 좋아하는 초콜릿이 원 플러스 원이야" 하고 알려주시기도 한다.

나는 식당도 카페도 편의점도 매일 가는 곳만 간다. 사장님, 직원들과 소소하게 인사하고 서로 아는 체하는 것이 굉장히 기분 좋기 때문이다. 편의점에서 구입한 간식을 동료들과 나눠 먹으면서 잠시 휴식 시간을 갖기도 한다.

퇴근한 뒤에는 대중교통을 이용해 집으로 향한다. 대중교통에서는 이동하면서 이런저런 일을 할 수 있다는 장점이 있다. 출퇴근 시간이 총 두 시간이 넘기 때문에 이 시간에 취미 활동을 한다. 그냥 멍하니 앉아서 사람을 구경할 때도 있지만 영상 콘텐츠 아이디어를 구상해서 핸드폰 메모장에 적어두기도 하고 책 원고를 수정하기도 하고 다양한 온라인 강의를 들으며 틈틈이 자기계발을 하기도 한다.

집에 와서는 저녁을 먹고 가족들과 이런저런 이야기를 한다. 모두 함께 아이스크림을 먹으며 텔레비전을 시청하거나 재미있는 영상을 본다. 가족과의 시간은 정말 소중한 시간이다. 어렸을 때 워낙 오래 떨어져 지낸 탓인지 나는 유난히 가족애가 강하다. 이 시간에 세상에서 제일 행복하다.

나이트 루틴도 중요하다. 잠자리에 들기 전에는 긴 오늘을 마무리하기 위해 수분 크림을 가득 바르고 할 일을 다 했는지 점검한다. 내일 회사에 가져갈 도시락을 미리 싸놓기도 하고 피곤할 때는 그냥 포근한 침대에 누워 기도로 하루를 마무리한다. 퇴근하고 집에 돌아오면 깜깜한 밤이라서 딱히 할 수 있는 일은 없다. 하지만 평범한 하루를 무사히 보낼 수 있었다는 사실에 감사한다.

•

이렇게만 보면 내가 회사 생활에 전혀 문제가 없고 어떤 걱정도 없는 사람이라고 생각할 수도 있겠다. 하지만 전혀 그렇지 않다. 회사에서 꾸중을 들을 때도 많고 심적인 부담을 느낄 때도 많다. 인간관계에 문제를 겪을 때도 당연히 있고 누군가에게 인정받지 못했다는 생각으로 상처받고 우울해할 때도 있다. 내가 잘하고 있는 건지, 바보처럼 보이지는 않았는지, 혹여나 다른 사람에게 피해를 주지는 않았는지 걱정이 이만저만이 아닐 때도 있다.

하지만 그럴 때마다 나는 마인드 컨트롤을 시도한다. 내가 할 수 있는 일과 평소 즐거워하는 일을 하는 것으로 나 자신에게 집중한다. 나만의 특별한 시간을 갖는 것이다. 매일 똑같은 하루를 보내다 보면 자신이 얼마나 특별한 사람인지 잊어버린다. 이때 자신의 감정에 솔직해지고 새로운 것을 배우고 스스로의 목소리에 집중하다 보면 숨어 있는 기회를 발견할 수 있다.

특별한 사람이 되기 위해 최고가 되어야 하는 것은 아니다. 화려하고 비싼 옷과 화장으로 포장할 필요도 없다. 남다르게 무언가 잘해야 하는 것도 아니다. 지금 자신의 모습 그대로도 충분하다. 따듯한 차를 마시며 나라는 사람을 돌아보는 것만으로, 잠시 시끄러운 세상에서 벗어나 좋아하는 음악을 들으며 휴식을 취하는 것만으로, 좋아하는 사람과 즐거운 식사를 하는 것만으로 우리는 이미 특별하다. 다른 사람이 아닌 나 자신에게 투자하는 시간을 가질 줄 알기 때문이다.

66 두려움은 적게, 희망은 많이, 먹기는 적게,
씹기는 많이, 푸념은 적게, 호흡은 많이,
미움은 적게, 사랑은 많이 하라.
그러면 세상 모든 것이 나의 것이다. 99

_스웨덴 속담

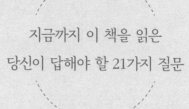

지금까지 이 책을 읽은
당신이 답해야 할 21가지 질문

1. 지금 당신의 목표는 무엇인가? 만약 없다면 새로운 목표를 설정해보자.

2. 내 일상에서 특별하다고 생각하는 요소는 무엇인가?

3. 일상에서 새롭게 세워볼 수 있는 목표는 무엇인가?

4. 작년 말 또는 올해 초 어떤 목표를 세웠는가?

5. 내년의 목표는 무엇인가? 나만의 인생 프로젝트를 설정해보자. 거창한
   내용이 아니어도 괜찮다. 잠시라도 도전해보고 싶다는 생각을 해본 적
   이 있는 일을 프로젝트로 설정해보자.

6. 지금 세운 프로젝트를 달성하려면 어떤 과정을 거쳐야 하는가? 몇 개
   월 단위로 프로젝트를 세분화해 정리해보자. 한눈에 파악할 수 있도록
   그림으로 그리는 것을 추천한다.

7. 내가 생각하는 꾸준함이란 무엇인가?

8. 내가 어떤 일을 꾸준하게 하지 못하는 이유는 무엇인가? 꾸준하게 하
   려면 어떻게 해야 할까?

9. 하루 중 나를 즐겁게 만드는 일은 무엇인가?

10. 지금 포기하고 싶은 목표가 있는가? 포기하고 싶은 이유는 그 목표 자체가 문제여서인가, 지금 상황이 힘들어서인가?

11. 살면서 한번쯤 꼭 만나보고 싶은 사람이 있는가? 리스트로 만들어보자.

12. 그 사람들과 만나면 무슨 이야기를 하고 싶은가?

13. 그 사람들에게 내가 들려줄 수 있는 이야기는 무엇인가?

14. 나만의 멘토가 있는가? 그 사람은 어떤 길을 걸어왔는가? 그 사람에게서 닮고 싶은 점은 무엇인가?

15. 멘토를 직접 만나본 적 있는가? 만약 없다면 그 사람에게 어떻게 연락할 수 있을까?

16. 멘티가 있는가? 그 사람에게 어떤 것을 알려주고 있는가?

17. 평소 다른 사람들을 어떤 방식으로 돕고 있는가?

18. 주변에 나의 도움이 필요한 사람이 있는가? 그 사람을 도우려면 어떻게 해야 할까? 물질적인 방식이 아니어도 괜찮으니 구체적인 방법을 떠올려보자.

19. 당신의 일과를 구체적으로 되새겨보자.

20. 내일부터 나에게 더 이상 지금과 같은 일상이 주어지지 않는다면 마지막 하루를 어떻게 보낼 것인가?

21. 나에게 매일 찾아오는 기회는 무엇인가? 그 기회를 잡기 위해서는 무엇을 해야 할까?

에필로그

*

나 자신을 아껴주는 시간

그런 날이 있습니다. 아무런 문제없이 잘 있다가 갑자기 외로움과 허전함이 몰려와 우울한 날. 누군가에게 기대고자 했지만 곁에 아무도 없는 날. 갑자기 찾아온 공허함을 대수롭지 않게 넘기고 얼마 지나지 않아 또다시 찾아온 어둠 속에 자신을 가두게 되는 날. 열심히 달리다 지쳐 나도 모르는 사이 무의식적으로 깊은 한숨을 내쉬게 되는 날. 당연하게 메고 있던 어깨의 짐이 유독 무거워서 잠시 내려놓고 싶은 날. 나는 왜, 무엇을 위해 나를 늘 양보하며 사는 건지 문득 궁금한 날. 이런 날 저는 나만의 시간을 보냅니다.

그런다고 뭐가 바뀌겠느냐는 생각이 들 수도 있습니다. 어쩌면 그 시간에 더 중요한 일을 할 수도 있겠지요. 그래도 한 번만 자신에게 시간을 줘보세요. 변화해야 한다고 보채지 말고, 잘해야 한다고 압박하지 말고 자신에게 여유를 주는 것입니다. 이 시간은 내가 아니면 누구도 쉽사리 내어주지 않는 시간입니다.

치열하게 살다 보면 자신이 얼마나 힘들고 아픈지 잘 모르게 됩니다. 간혹 주변 사람들에게 "왜 이렇게 살이 빠졌어?", "요즘 많이 피곤해 보인다" 같은 소리를 듣지 않나요? 거울을 유심히 보지 않으면 다른 사람의 눈으로만 나의 현황을 알게 됩니다. 상태가 심각해져서야 자신을 관찰하곤 하죠. 이런 일이 일어나기 전에 나만의 시간을 가져보세요. 나는 내가 지켜줘야 합니다.

이 책의 집필을 결정하기까지 긴 고민의 시간이 필요했습니다. 자신감 넘치는 저의 겉모습과 다른 약한 모습을 세상에 공개하는 데 자신이 없었습니다. 두렵기도 했습니다. 저의 나약한 모습이 투정으로 비춰질까 봐 우려되었고 제 짧은 경험으로 혼자의 가치를 잘못 전달하게 될까 봐 걱정했습니다.

그런데 저는 몇십만 명이 넘는 다양한 사람들과 소통하면서 다소 놀라운 사실을 깨달았습니다. 제가 겪었던 외로움,

좌절, 불안, 힘든 시간을 다른 사람들도 지금 겪고 있다는 것이었습니다. 자신을 잃고 지쳐 있으면서도 더 잘해보려고, 열심히 해보려고 발버둥치는 그들의 모습이 몇 년 전 저의 모습을 보는 것 같았습니다.

그리고 문득 이런 생각이 들었습니다. 내가 힘들었을 때, 의지할 사람 하나 없었을 때 나는 어땠는가? 말 못 할 사정으로 외로운 시간을 보내고 있는 누군가가 나에게 도움을 청한다면 나는 무엇을 이야기해주고 싶은가? 이런 생각을 하다 보니 나의 방법을 공유해야겠다는 의지가 벅차올랐습니다. 그렇게 열정적으로 이 책의 첫 구성안을 작성했던 기억이 납니다.

저는 여러분과 다르지 않은 평범한 30대 일반인입니다. 제가 느꼈던 외로움과 좌절감을 분명 여러분도 한 번쯤 비슷하게 느껴보셨을 거예요. 그때 어떻게 극복하셨나요?

저는 고생을 좀 했습니다. 아무리 인터넷을 뒤져보고 상담을 받아보고 연설을 많이 들어봐도 답을 찾을 수 없었지요. 그저 "자신을 사랑하라"라고 이야기했습니다(여러분도 이런 이야기 한 번쯤 들어보시지 않았나요?). 하지만 그런 이야기는 저에게 큰 도움이 되지 않았습니다. 자신을 사랑하는 방법을 알지 못했기 때문입니다. 나를 우선순위에 두는 방법 역시 몰랐기 때문입니다.

왜 우리는 다른 사람들에게는 잘 보이고 싶어 하면서 스스로를 자꾸 깎아내리는 걸까요? 다른 사람은 그렇게 배려하면서 왜 자신은 아끼지 않는 걸까요? 왜 우리는 바쁘다는 핑계로 자신에게 소홀해지는 걸까요? 나를 사랑하지 않았던 과거의 저 역시 스스로를 끊임없이 어둠으로 몰아넣었습니다.

하지만 다행히 저는 그곳에서 탈출할 수 있었습니다. 바로 나만의 시간을 통해서입니다. 새벽에 일어나 나만의 시간을 가지며 나를 가장 소중하게 여기는 방법을 알게 되었습니다. 나를 지키는 방법을 터득했고 어떤 힘든 하루를 보내도 다시 중심을 잡는 방법을 배웠습니다. 지금부터 당신도 이 책이 알려주는 대로 나만의 시간을 가져보세요. 그 시간에 익숙해지면 혼자 있는 시간을 보내는 나만의 방법을 생각해보세요.

자신을 함부로 다루지 말아주세요. 긴 하루를 시작하기 전에 혹은 하루를 마무리할 때 자신에게 돌아가세요. 때로 사람들이 당신을 탐탁지 않게 여겨도 묵묵히 자신이 가는 길에만 집중해보세요. 작지만 놀라운 변화가 시작될 것입니다.

　이 책을 통해 세상과의 소통을 허락해주신 하나님 아버지께 감사드립니다. 집필이 쉽지 않아 용기가 필요했는데 또 한 번의 기회로 쓰임을 받을 수 있게 해주셔서 감사합니다. 또 저를 믿어주고 응원해준 가족들과 친구들에게도 감사의 인사를 꼭 전하고 싶습니다. 집필을 할 때마다 동굴 속으로 들어가는 저를 이해해주고 기다려주셔서 감사합니다. 저의 책을 사랑해주시는 독자분들 그리고 유튜브 구독자분들에게도 감사의 메시지를 전하고 싶습니다. 마지막으로 두 번째 책도 성공적으로 출판될 수 있도록 힘써주신 토네이도 출판사 관계자분들 정말 감사드립니다.

　처음에는 이 모든 기회들을 진지하게 생각하지 않았습니다. 그저 재밌으니까 한번 해보자는 마음이었습니다. 그런데 지금은 진심으로 이 기회를 활용하게 되었습니다. 지금 저에게 주어진 기회들이 나만을 위한 것이라고 생각하지 않습니다. 제 이야기가 누군가에게 희망을 줄 수만 있다면 최대한 많은 분에게 널리 전달되도록 노력할 것입니다. 어쩌면 제가 걸어왔던 그 길이 지금 이 순간을 위한 훈련이었을 수도 있으니까요.

김유진

지금은 나만의 시간입니다

1판 1쇄 발행 2021년 10월 15일
1판 4쇄 발행 2021년 12월 3일

지은이 김유진
발행인 오영진 김진갑
발행처 토네이도

책임편집 진송이
기획편집 박수진 박민희 박은화
디자인팀 안윤민 김현주
표지 및 본문 디자인 유니드
마케팅 박시현 박준서 김예은
경영지원 이혜선 임지우

출판등록 2006년 1월 11일 제313-2006-15호
주소 서울시 마포구 월드컵북로5가길 12 서교빌딩 2층
독자 문의 midnightbookstore@naver.com
전화 02-332-3310 팩스 02-332-7741
블로그 blog.naver.com/midnightbookstore
페이스북 www.facebook.com/tornadobook

ISBN 979-11-5851-225-5 03190